조순엽

삶의 뒤안길에서 부르는 노래

도서출판 **비움과 채움**

펴내는 말

글을 쓴다는 건 내겐 곧 말하는 것이다. 사람들 앞에 서면 주눅이 들거나 자연스럽지 못해서 말하기보다는 편지글로 쓰던 게 편하다보니 이것이 계기가 되어 시작된 것이 나의 글쓰기다.

문학이라는 것에 중독된 것은 아니지만, 길을 걷다가도, 영화를 감상하다가도, 또 책이나 신문을 읽거나 때론 대화 중에도 시시때때로 깊은 가슴 저 편에 스파크가 일어날 때마다 감성을 차곡차곡 쌓아 두었다. 그리고 차분하게 써 내려가고 싶을 때 충동을 이기지 못하고 써 나간다.

시간의 흐름을 빠르게 느낄 때엔 내 글이 더 늙을까봐 두려워서 쓰고, 기쁠 때는 청춘을 묶어두고파 글을 쓴다. 또 기억이 흐려지려 할 때는 치매가 날 찾지 못하게 머리카락이 보이지 않도록 꼭꼭 숨는 심정으로 글쓰는 훈련을 지금도 계속 하는 중이다.

자꾸만 떨어져가는 힘을 모아서 이번에 세 번째 작품집 《삶의 뒤안길에서 부르는 노래》를 발간한다. 더 좋은 작품을, 또 멋진 글을 쓰고 싶은 건 욕심일 뿐 내 글에서 감동도 향기도 느껴지지 않을 것 같아 두렵다.

1993년에 교사, 주부, 그리고 두 딸의 엄마로서 첫 출판한 수필집 《내 마음 머무는 곳에》와 두 번째 수필집 《우리의 손이 다시 맞닿을 때까지》가 나올 때와는 달리, 이번에 두 딸들은 내 프로필 사진을 수 십 번 찍어 보냈다. 또 지난 여름 대학입시공부에 바쁜 시간을 쪼개어 수필집 《똑똑, 해 보기》를 펴낸 큰 손녀 라혜까지도 할머니가 참 자랑스럽다며 내게 축하 톡을 보낸다.

두 딸들과 손녀가 힘내라고 보내주는 격려의 말에 힘을 받아 50주년 결혼 기념 수필집도 내야겠다는 마음이 솟구친다. 항상 내게 용기를 주며 탈고와 교정을 도와준 남편과 도서출판 <비움과 채움>을 주관하시는 김봉진 선생님께도 감사드린다.

2016. 1.
조순엽(趙順葉)

3. 내일을 향하여

1

내가 못다한 이야기

엄마손

유학 간 손녀와 뒷바라지 하던 큰딸이 달포 전에 와 있어서 집안이 왁자지껄하던 중에, 제자로부터 전화가 왔다.

"선생님, 저 C학교에 다녔던 송YS이에요."

그 말을 듣자마자 그 애와 그 가족 모두가 생생하게 기억났다. 그래서 가족상황을 기억나는 대로 말하였더니, 너무나 놀라며 빨리 만나자고 한다. 실로 47년 만에 제자를 만나게 된 것이다.

"참 고맙다. 아버지 연세는? 또 어머니도 건강하신거지?"

이렇게 물어보면서, 부부는 제일 필요한 '이불과 요' 같아서 함께 건강하게 계신다는 건 제일 좋은 거라는 말을 해주었다.

"네가 맏딸이고 위로는 오빠, 또 여동생 이렇게 셋이 연년생이었지? 그리고 아래로 남동생과 딸 하나 영혜던가? 그래, 3녀 2남. 모두 5남매를 두신 부지런하시고, 교육열이 대단하신 현모양처이신 어머니셨지. 아버지께서는 K고 수학 선생님이셨지, 아마도? 그때 대학으로 발령 대기 중이라는 소식만 듣고 우린 이제야 만났네! 그 공간의 벽이 너무나 멀리 와 있었구나!"

오랜 동안 궁금한 여러 상황들, 그리고 사는 곳과 부모님 건강 등으로 먹는 것조차도 잊고 47년간 밀린 이야기들을 마구 쏟아냈다. 그동안의 소식을 물으니, 오빠는 대기업에서 퇴직 후 중소기업 사장으로 있으며, 막내 남동생은 아버지 뒤를 이어 수학 교수가 되어 있었다. 세 딸들은 각각 능력 있는 신랑을 만나 잘 살고 있었다.

내가 엄마를 찾아뵙고 싶다는 말을 하니 좀 당황스러운 눈치다. 그러더니 어렵게 말을 꺼낸다. '어머님께 조순엽 선생님 기억나세요? 이렇게 여쭈어보았더니 고개를 끄덕이시더라'고 했다. 그리고 좀 시간이 흐른 뒤에 말을 이었다. '지금 12년째 병석에 누운 채 거동도 못하시고 계신다'고 한다.

"얼마나 힘들고 수고가 많으냐? 그래도 살아계실 때가

좋아. 아기 같은 엄마일지라도 살아 계신 때 잘 해드려라."

"선생님, 엄마가 참 귀여우세요. 너무 천진하셔요. 지금은 간병인도 오고, 아빠를 비롯한 우리 5남매가 번갈아 엄마랑 시간을 보낸답니다."

훌륭하신 부모 밑에서 잘 자란 5남매들이 이렇게 12년 동안이나 자기들 몫을 해내고 있다는 것이 마치 내일 같이 기뻤다. 또 대견스럽기도 하였다.

"그래, 그렇지! 우리 엄마도 꼭 아기 같으셨었는데…."

나도 돌아가신 엄마 생각이 났다. 8년 동안 휠체어에 의지하며 지내셨던 우리 엄마. 8년동안 나는 힘에 버겁다고 내가 더 젊었기만을 바라지 않았던가. '내가 좀 더 젊었을 때였다면 잘 해드릴 수 있었을 텐데' 라는 생각을 그때는 하곤 했었다. 그 생각을 하면 지금까지도 부끄럽고 후회가 된다.

'북한동포를 구원하소서'란 5시간의 기도회를 마치고, 집으로 돌아가는 길. 주먹밥과 물 한 병을 들고 공원 옆 산위로 올라갔다. 북적되는 실내를 빠져나와 산보 가듯 조용한 돌계단 위의 풀섶에 앉아서 깨로 뭉쳐진 주먹밥을 까먹으니, 피난시절 먹던 주먹밥과는 다르지만 그래도 그 때가 연상되어 감회가 남다르다. 사정없이 덤벼드는 모기떼가 발등과 벌겋게 내놓은 두 팔까지 매몰차게 뜯는다. 잽싸게 내려치는 손보다 더 빠른 독침으로 손이란 무기쯤은 겁나지 않는다는 듯 덤벼든다. '모기 입이 비뚤어진다'는 처서가 지났는데도 그 비뚤어진 입으로 잘도 깨문다. 작은 벌레에게 못 이기고 백기를 든다.

온몸이 근질거려서 더 이상 견디지 못하고 불편한 몸으로 집으로 향한다. 가는 길목에 있는 아취길 느티나무 꼭대기에서는 가을을 애달파하는 매미가 서글피 운다. 크고 작은 모든 벌레들마저 계절의 감각에 이렇듯 민감한데 왜 내 팔다리의 신경은 이리 무딘지 모르겠다. 온몸에 10원짜리 동전만 한 크기의 자국이 나는데도 극심한 가려움이 가셔지질 않는다.

"어디야, 어디?"

하며 남편은 물파스와 뭔 연고인지를 자꾸 손에 묻혀서 비벼준다. 아무리 발라도 가렵고 근지러워서 밤이 새도록 잠을 이룰 수가 없다. 피가 나도록 긁어보지만, 손만 떼고나면 바로 또 가렵다. 문득 그 옛날 엄마 손이 그립다. 스케이트 타다 넘어진 중학생 때부터 우리 엄마는 아픈 오른쪽 다리를 밤마다 주물러 잠들도록 했다. 엄마손은 그토록 시원하고 금방 스르르 잠들게 해 주신 자장가 손이셨다. 모기에 물린 곳이 얼마나 가렵고 따가운지 엄마 생각이 떠나지 않는다.

그런데 나는 엄마로서 너무 한 일이 없다. 나는 늘 일이 힘에 부쳐했다. 나를 찾던 내 자식의 잡던 손을 뿌리치며 출근했다. 그런 나를 보며 엄마는 내 딸 둘마저도 당신 손에서 해결하셨다. 그 생각을 하니 갑자기 죄책감이 든다. 내 엄마와 또 내 두 딸 모두에게…. 그래서인지 두 딸들이 내게 지나칠 정도로 잘 해 줄 때마다 가끔씩 자신을 뒤돌아보게 된다. '나는 엄마한테 어떻게 했나?' 그러면서 곧바로 '난 직장에 다녔었으니깐', 또는 '난 건강치 않았으니깐' 이라고 내 나름대로의 변명을 하면서 홀로 괴로움을 해소시키곤 한다. 이런 내가 부끄럽고 내 맘에도 들지 않는다.

살아생전에 아무리 자주 만났어도 돌아가시면 이생에 부모자식간의 인연도 그것으로 마지막이라는 생각이 든다. 늘 딸이 더 좋다고 하시던 엄마. 맏며느리로 평생을 조상님 기일 때마다 수고하셨던 엄마는 우리들에게 크리스챤 권사 직분으로 제사는 필요 없다고 말씀하시곤 했다. 그런 엄마도 아들을 낳으려고 애쓰셨다. 혹시 다른 집같이 격식 맞춰 기일 안 빠뜨리고 제사상도 차려드리기를 원하신 것이 아니었을까? 아들들은 그래도 의무적으로라도 나름대로 예의를 갖추어서 부모님의 기일을 챙겨 드리지 않는가? 우리 자매 모두 딸 둘씩 둔 엄마로서, 왠지 이번 명절에는 엄마한테 도리를 못한 딸 같은 생각이 자꾸 든다.

나는 1년에 한두 번 언니와 시간을 약속해서 용미리 추모의 집에 안치된 엄마를 찾아뵙곤 한다. 물론 추석과 설날은 잊지 않고 언니 집에서 추도예배는 드리고 있지만, 자매인 언니와 나는 딸들이 모두 외국에 거주하니 각자 시간 내기가 힘들다는 생각으로 그렇게 한 것이다. 나는 언니에게 전화를 넣고 약속을 했다.

"언니, 수요일에 엄마 계신 곳 다녀오자."

그리고 제자에게도 전화를 걸어 살아생전에 부모님 잘 모시라고 말했다. 그 말을 하다보니 문득 '인생은 낯선 여인숙에서의 하루와 같다'라고 써있던 테레사 수녀님 묘비명 글씨가 생각난다. ♣

엄마의 길

TV를 통하여 에미 치타가 죽은 새끼 치타를 어떻게 처리하는지 본 기억이 난다. 어미 치타가 4마리의 자기 새끼를 보호하고 있다. 그때 구렁이가 새끼 치타 한 마리를 눈 깜작 사이에 채간다. 새끼가 잡혀가는 광경을 본 에미 치타는 죽을 힘을 다해 쫓았으나 결국 새끼 치타는 구렁이에게 물려죽고 만다. 죽은 새끼를 입에 물고 더는 다른 동물들에게 고통당하지 않게 하려고 깨끗이 먹어 치운 후 커다란 나무에 올라가 3일 주야로 먹지도 않고 울기만 하는 어미 치타.

새끼 사랑하는 모습은 어느 동물에서나 흔하게 볼 수 있다. 비단 치타 뿐만 아니라 많은 동물들의 모성애는 많이들 알고 있다. 그러기에 자식 사랑을 모르는 사람을 보고 짐승보다 못하다고들 말하지 않던가. 이렇게 방법이 다를 뿐

자식 사랑하는 것은 사람들과 동물도 비슷하다고 생각된다.

모든 어머니들은 자녀를 기르면서 개인적 차이만 있을 뿐 삼각의 꼭지점에 도달하고픈 꿈이 있다. 맹자 어머니, 한석봉 어머니 그리고 미국 대통령 오바마 어머니까지도. 대통령 오바마는 '어디를 가든 친구를 엮어 공동체를 만들고 자신의 일과 자녀들에게서 의미를 찾는 세계시민'으로서 어머니를 기억하고 있다. 그리고 그녀는 지금 '시골 마을 소녀에서 여성문제에 무게를 둔 국제개발전문가'로 변신해 있다.

미국 대통령 오바마의 어머니는 몽상적인 로맨스를 꿈꾸며, 모험을 쫓는 삶을 살았다. 그리고 그녀의 성품은 낙천적이고 태평했으며, 매력을 뽐내며 잘 웃는 아름다운 소녀이기도 했다. 또 지칠 줄 모르고 저돌적이며, 야심적인 일벌레이고 욕구가 강한 여성이라 홍수에 잠겨 가슴까지 진흙이 차오르고 모기떼가 우글거리는 논 속을 헤치고 다니기를 겁내지 않는 여성이기도 했다.

그녀는 캔자스주에 거주하는 부부의 외동딸이었고, 그녀는 어린 시절 유목민처럼 떠돌이 생활로 12년 동안 7번이나 옮겨 다니다가 시애틀 지역의 어느 고등학교에 입학한

여고생이었다. 부모는 책 읽기를 좋아하는 그녀에게 '스탠리'라는 남자 이름을 지어주며 과잉보호 속에서 키웠다. 그리고 시카고대의 조기 입학제의를 받았지만 너무 어리다는 생각으로 응하지 않다가 하와이대에 입학하게 된다.

1960년 미국에서 민권법이 제정되기 전, 그리고 여성운동이 움트기 전 17세의 한 이지적인 이 백인 여성은 대학에 입학한지 몇 주 만에 임신 사실을 알았다. 놀라운 점은 그녀가 학기말에 중퇴한 동기가 그녀의 뱃속에 든 아기의 아빠가 다른 대륙출신의 피부색을 가진 사람이라는 사실 때문만은 아니었다. 미국의 절반 가까운 지역에서 흑백결혼이 중죄에 해당되는 그 시절에 그녀가 그 남자와 결혼했다는 사실도 놀랍지 않았다.

결혼 직후 그녀가 그 남자와 이혼한 점도 마찬가지였다. 오히려 아이가 성인으로 자라는 과정에서 너무나 놀라운 사실은 남보다 뛰어난 재능의 소유자라는 것과 대통령도 할 수 있다'라는 확신이 놀라왔고, 그 확신이 사실로 이루어졌다는 점이다. 감상적이고 속박되지 않은 보헤미안이 낳은 아들은 자연스럽게, 신중하고 냉철한 체제지향적인 인간이 됐다.

그녀는 엔 소에트로라는 다른 이름으로 1973년 인종과

아버지가 다른 두 자녀를 혼자 힘으로 기른다. 일과 함께 대학 대학원 과정을 밟으며, 개인적인 이유로 흑인이 살기가 미국보다 더 어려운 나라인 인도네시아로 아들 오바마와 딸 마야를 데려간다. 아들을 두려움을 모르는 아이로 키웠고, 10살 된 오바마는 인도네시아 아이들이 돌을 던지면서 하는 인종차별적인 발언에도 아무렇지도 않은 듯 태연하게 주위를 맴돌며 춤을 췄다고 한다.

"아녀요, 애는 괜찮아요. 그런 일에 익숙해요."

그들의 행동을 제지하려는 한 친구에게 그녀는 이렇게 말했다고 한다. 적어도 그녀의 가정교육이 그에게 많은 영향을 끼친 듯했다. 거의 텅 빈 냉장고와 엉망인 집 때문에 친구 한 번 못 데려와 놀림 받은 아들에게 엄마는 오히려 두 아이의 싱글 맘임을 상기시켰다고 한다. 그 어려움 속에서도 교육문제에서는 철저하여 예절을 대단히 중시했으며, '의무감'과 '근면의 중요성', '나눔의 필요성'을 강조했다고 한다. 그리고 외부에서 보는 미국인의 두 가지 '무지와 오만'을 그녀는 용납하지 않고, 그 반면 열린 마음에 높은 가치를 두고 생활하였다.

이 내용들은 오바마가 쓴 《담대한 희망》이라는 책을 통해 발표한 내용의 일부분들이다. 그 시절로부터 4,50년이 지난 지금의 한국은 어떠한가. 외국인과 결혼하는 일뿐만 아니라 혼전 아이를 낳을까 하여 산부인과병원을 출입하는 일이 흔하게 벌어지고 있다. 이같은 변화는 이젠 미국이나 한국이란 나라만이 아닌 전 지구촌에서 일어날 수 있는 흔한 일이 되어 버렸다.

모든 부모들의 자녀교육은 항상 의도 하지 않는 결과를 낳는다. 자녀들이 엄마에게서 받은 교육은 부모가 가르치려는 교훈과 자신도 모르는 사이 자녀들이 보고 배운 다른 교훈의 합이다. 싱글 맘으로 아들을 대통령으로 키워낸 그녀 '앤던햄'은 어려운 가운데 문화인류학을 전공하며 박사학위취득까지 받은 인재로서 홀로 우뚝 선 여성이며 훌륭한 대통령 어머니이다.

그녀의 삶을 보면서 나의 살아온 지난날을 회상해 본다. 남편과 맞벌이로 좀 넉넉한 살림이 자녀들의 배를 좀 불려주었다거나 사치스런 소지품으로 만족시켜 준 것 외에 아무것도 없는 것 같다.

초등시절부터 오페라 주인공을 꿈꾸며 성악을 전공하고 싶다던 큰 딸의 꿈은 몇 달 동안 시도했지만 도중하차 시켰다. 그리고 작은 아이의 연예인 꿈은 시작도 못하게 일찍부터 순을 잘라버렸다. 사랑이 많다고 자처한 에미가 퇴근 후 딸들을 만났을 때 제대로 안아주지도 못한 것 같아 미안하기만 하다.

딸과 손녀가 미국으로 떠나기 전날 손녀의 치과진료 예약이 늦잠으로 또 취소될까 염려되어 미리 병원에 가서 30분을 기다리고 있었다. 그리고 손녀의 폰 메세지로 '나 여기 치과에 와 있다. 예약 시간 붙잡고 있어 할미가...'하고 보냈다. 딸은 깊이 곤하게 자는 자기 딸을 몇 번 깨우다가 포기하고 있었는데, 그렇게 흔들어 깨워도 모르던 자기 딸이 폰 멧세지를 보더니 갑자기 허둥지둥 달려나가기에 그 뒷모습을 보며 영문을 몰라서 놀랐다고 했다.

이제 딸보다도 손녀 사랑에 빠진 할미의 마음을 손녀가 알게 된 걸까. 미국으로 다시 돌아가는 딸에게서 그동안 받은 문자 메세지를 읽고 또 읽어보았다. 계속 문자를 보는 동안 눈물이 저절로 주루룩 흘렀다.

"고마워요 엄마! 난 포기가 빠른 걸까? 엄마노릇이 넘 힘들어서..., 엄마, 엄마는 대단하시다는 생각뿐....."

40여 일간 받았던 폰 메시지가 너무 많아 삭제하는 중에 날 멈추게 한 문장이다. 엄마노릇 하기가 힘들다는 딸의 문자에 마음이 아려왔다. 순발력과 인내가 부족한 딸. 그 딸을 보면 마음속으로 미안하기만 하다. 내가 너희들을 강하게 못 기른 탓이야, 미안해. 그리고 부모 말을 거역하지 못하는 너희들에게 꿈을 키우도록 하지 못한 것도 미안하구나.

아들 오바마를 대통령으로 키워낸 앤던햄은 '무엇보다 배움의 가치를 강조했고, 자신이 솔선수범했다. 그것이 오바마의 어린 시절 성장환경을 결정하는 요인이었다'라고 그녀는 말하고 있다. 대통령으로 성장시킨 당신의 교육목표 도달도 훌륭하지만, 나약한 무남독녀 소녀여서 부모님께서 남자이름으로 부르게 했던 당신이 어떻게 오늘의 강인함으로 만들어졌는지를 알고 싶다.

그녀가 50세까지도 스타킹을 못 신어 본, 그래서 경제적인 안정을 두 번째 목표로 실천하고자 노력한 것과도 관계가 있던 것일까. 오바마 대통령은 자신에게 이렇게 질문해 본다고 한다. 엄마가 자신의 야망을 더 중시할 때 자녀가 고통을 받을까? 그리고 이 질문의 답은 아직 못 내리고 있다고 한다. 말할 수 있는 것은 무조건적 사랑은 원치 않는다면서. ♣

수리 언니

새벽 5시. 부지런한 농부처럼 새벽잠을 설치며 일어난 나는 다른 날과는 다르게 보다 예쁘게 치장하려고 거울 앞에 선다. 평소와 같이 밀크 크림을 건조해진 피부에 윤기가 흐르도록 아주 번드르르하게 흠뻑 바른 후 붉은 색조 루주를 쓰으윽 바른다. 오늘의 주 관심사인 눈이다. 눈에 온갖 정성을 드릴 각오로 거울에 얼굴을 바싹 대고 눈을 아주 크게 한번 떠 본다. 젊을 때 눈과는 다르게 뱁새가 되어버린 내 눈을 조금이라도 크게 보이기 위해 준비한다. 미술공부를 하는 것처럼 아이라인이나 샤도우를 사용하여 내 눈을 깜짝 변신시켜 보려고 노력한다.

검정색 아이라인으로 그려볼까? 그건 아니야. 평소 그리기 실력이 바닥이어서 얼굴에는 아무것도 안 바르고 평생 입술 하나만 열심으로 그려댄 세월이 50년이다. 그러니 눈 감고도 입술 그리기 하나는 만점이다. 오늘의 하이라이트는 나의 눈 사이즈 확장이다. 생각 끝에 파란 아이샤도우로 하기로 하고, 왼손으로 눈을 붙잡고 오른손에 들린 샤도우 붓이 조심스리 왼쪽 눈위 두께 쪽에 살며시 칠한다.

나름대로 눈화장을 끝낸 나는 새벽부터 길을 나섰다. 지하철을 3번씩 갈아타고 오랜만에 작은 딸을 향해 뉴욕으로 떠나는 언니 내외를 배웅하기 위하여 우리 부부는 공항으로 가는 길이다.

우리 부부는 언니네 부부와 자주 만나고는 있지만, 언니가 나보다 어른이라는 마음에서 항상 언니가 안쓰럽고 맘이 아프다. 엄마가 세상을 떠나가신 후로는 혈육이라고는 둘만 남겨져서 고아가 된 듯한 생각 때문이다. 더구나 언니가 돌아가면 너른 세상 홀로 나만 남겨진다는 두려움에 불안감이 엄습하기도 한다.

언니는 우리집의 가장이었다. 1950년 전쟁으로 인해 피난을 다니다가 아버지까지 여의고 서울로 돌아오는 길에 나는 장티브스에 걸렸다. 병에 걸린 나를 업고 오다가 엄마까지도 병에 전염되었다. 그때 언니는 아픈 엄마와 나를 노량진 외삼촌댁 사랑채에 맡겨두고 버스도 없던 그 시절에 걸어서 영등포에 있는 병원을 찾아다녔다. 그리고 의사선생님을 설득하여 늘어선 환자들을 뒤로 하고 왕진 오시게 했다.

아직 어린 13살짜리 언니는 이처럼 가족들을 위해 헌신하였다. 그 뒤에도 언니는 맏딸로서 나와 엄마를 도맡아 병 수발을 하느라고 온갖 고생을 하였다. 이처럼 힘들고 어려운 상황에서도 언니는 내 숙제까지도 엄마처럼 잘 챙겨주었다. 이처럼 나보다 두 살 위인 언니지만 내겐 엄마 같은 언니이다.

어른이 되어서도 언니는 다른 사람에게 날 소개 할 적마다 이렇게 말한다.

"내 동생은 예쁘죠, 저 같지 않죠?"

하나밖에 없는 동생이라 더 예쁘게 보일 테지만 그럴 때마다 난 몹시 부끄러웠다. 그런데 요즈음은 동생인 나를 이렇게 소개하곤 한다.

"내 동생은 언니 같은 동생이에요."

글쎄 왜 그렇게 말하는 걸까? 엄마같은 언니여서 그렇게 말하지는 모르겠다. 아마도 이 세상에 하나 밖에 없는 동생이라서 그렇게 말하는 것 같다. 그런데도 나는 언니에게 가끔 불평을 하곤 한다.

"언니는 왜 우리 집에 전화를 자주 안 걸어?"

"언니, 카톡은 왜 안 해?"

어찌 보면 그저 아무런 이유도 없이 핀잔하는 것 같다. 그래서 '형만한 아우가 없다'라는 말이 나오는 것 같다. 얼마 전에도 친척집에 가려고 버스를 기다리는데 언니가 갑자기 정류장 옆에 있던 화장품 가게로 내 손을 끌고 들어갔다.

"아가씨, 눈 확장을 위한 아이 라인이나 샤도우 하나 내 동생에게 어울리는 걸 찾아주세요."

그 말을 듣고 난 언니를 끌고 그 상점을 빠져나왔다.

"언니, 집에 작은 딸이 사준 것이 많이 있는데, 큰딸 승혜와 나 자신의 생각이 아니어서 화장을 안하는 거야. 집에 여러 가지가 있어."

나이가 들면서 얼굴에 주름도 늘어나자 언니는 예전처럼 동생이 곱게 보여지지 않는 모양이다. 예전의 풋풋한 동생 모습을 찾고 싶은 언니는 한때 해드라이트란 별명까지 붙었던 동생의 눈을 다시한번 보고 싶은 모양이다.

"입은 옷의 컨셉도 제일이다. 옷도 왜 이렇게 멋져? 그래 역시 내 동생 최고다."

바쁜 중에도 동생의 입은 옷을 보면서 좋아하는 언니의

모습에서 난 엄마를 떠올린다. 엄마보다 딸이 예쁘다는 걸 싫어한다는 엄마도 있다지만, 거의 세상의 엄마는 자식이 더 예쁘길 바란다. 내 엄마도 나를 볼 때마다 늘 '키만 엄마만해도 좋았을 걸' 하면서 늘 안타까워하셨다. 그런데 형제자매는 제일의 경쟁상대라는데, 엄마 같은 내 언니만은 정말 아니다.

"나 괜찮아? 언니, 오늘 눈도 멋지지?"

"얘, 순엽아. 오늘 너무 예쁘다. 그래 오늘은 정말 내 동생 같다."

내가 대충 입고 운동화 신고 배웅나가곤 했던 모습을 보다가 오늘 따라 다른 모습으로 나타난 나를 보고는 언니가 많이 기뻐하는 눈치이다. 두 딸 모두를 외국에 유학 보내고 그동안 쓸쓸하게 지내던 언니와 형부는 작은 딸을 보게 된다는 기쁨 때문인지 출발시간이 이른 데도 불구하고 기쁨에 들떠 있다.

스위스에 사는 언니네 큰 딸 가족은 일 년 전에 다녀갔지만, 작은 딸은 손녀만 매년 한국에 보낼 뿐 한번도 오지 않았다. 3년동안이나 딸을 기다렸던 언니와 형부는 이번에 작정하고 딸을 보려고 떠나는 길이었다.

평소 말이 없는 형부도 눈빛까지 환하게 밝아진 얼굴 표정을 하며 경중경중 뛰고픈 듯 마치 아이 같은 모습을 내보인다. 공항에서 언니 부부를 만난 우리 부부는 언니 내외와 간단하게 한 잔의 커피를 마시며 공항에서 잠깐동안 아쉬운 송별식을 하고 집으로 돌아왔다.

"건강하게 잘 지내고 와! 언니, 형부."

매년 1월이면 나와 남편은 언니네의 배웅을 받고 미국에 가곤 했는데, 내가 갈 때는 잘 모르겠더니 언니네가 떠나고 나니 왜 이리 가슴이 휑한지 모르겠다. 방금 떠난 언니네 내외가 어서 빨리 돌아오기만 기다려진다. 언니가 미국에 갔다온다고 해도 매일 함께 있어주지 못하면서 그저 빨리 돌아오기만을 기다리게 된다. 이런 것이 아무래도 동생인가 보다. ♣

내 이름

길게 줄지어 선 맨 앞에 서 있는 나에게 선생님이 키가 작고 귀엽고 앙증스럽다고 예뻐해 주시던 초등학교 일학년 때. 운동장 조회 때마다 키 작은 나는 줄 맨 앞에 서 있었고, 그때마다 어찌나 멋쩍던지 두 손을 늘어뜨리는 부동자세가 좀 겸연쩍다 싶어서 손을 뒤로 잡고 '열중 쉬어' 자세로 서 있었다. 조회시간에 교장선생님 훈화를 듣는지 마는지 하며 어린이들 앞에 서 계시던 선생님께서 옆으로 전달하시면서 모두 한 번씩 뒷짐을 진 나를 쳐다보며 킥킥 웃으셨다.

또 어떤 선생님께서는 일부러 내 앞까지 오셔서 "아이고! 귀여워라. 꼬마가 뒷짐 지고 서 있는 것이 앙증맞다"라시며 머리와 등을 쓰다듬어 주셨다. 그 후로도 학급에서 교무실 심부름 갈 때나 맨 손일 때엔 두 손이 거추장스러워서 늘

뒷짐을 쥐고 다녔다. 그때엔 '열중 쉬어'라는 동작 구령이 없었던 시절이라 어른이나 노인들이 하는 자세를 꼬마 아이가 하는 짓이 귀엽게 비추어 졌는지 모른다. 그렇지만 내게는 그렇게 많은 선생님으로부터 귀여움 받던 기억보다는 '순업이 참 귀엽지'라고 내 이름을 '순업'이라고 틀리게 부르시던 선생님들이 늘 불만스럽고 싫기만 했다.

그 어떤 칭찬이나 찬사보다도 내 이름이 바르게 불러주길 바라면서도 용기가 없어서 틀리게 호칭하는 친구나 선생님께 틀렸다고 항의하거나 다시 가르쳐 줄 용기는 없었다. 그런 초등학교 시절을 보내고 6.25를 거치면서 내 이름이 불리워질 때가 그냥 싫은 적이 많았다. 사춘기를 맞았을 때도 뭐 어떠냐 하는 마음으로 보냈지만 좀 더 예쁘고 한국적이기도 한 이름이 내 이름이었으면 하고 바라는 마음이 들 정도로 나는 내 이름이 마음에 들지 않았다.

이 세상에는 옥, 말녀, 갑돌, 철수 등 참으로 많은 이름들이 있다. 그런데 이미 저 세상 사람이 된지 오래이지만, 내가 아는 어떤 할머니의 이름에는 '오강'도 있었다. 그 때 그 분의 이름을 들을 때마다 옥같이 귀하게 여길 자식에게 하필 '오강'이라는 이름을 지었을까 하는 의심이 들곤 했다. 일제 강점기시대에는 한글을 못 쓰게 하고 일본말을 해야

했고 창씨개명이라는 엄청난 압제로 말미암아 명자, 영자, 말자 등 이름마다 일본말로 '꼬'인 아들 子자를 넣어 불렀다. 이제 광복이 된지 70여년이 흘렀는데 일제 때의 잔재로 지은 이름 때문에 아직도 고통받는 사람이 있는 듯하다. 신문 기사에서 그런 내용을 볼 때마다 암울했던 당시를 기억나게 만든다.

모든 사람들의 얼굴을 일일이 그릴 수도 없기 때문에 이를 대신하여 구별하기 위한 대명사의 역할을 하도록 편리하게 만든 것이 이름일 것이다. 그런데 이제는 많은 사람들이 자기 이름이 맘에 안 들거나 또는 부르기 불편하다고나 하여 이름을 바꾸고 있다. 또 이름은 놔두고 호나 예명으로 불리어지기를 바라는 사람들도 많이 있다. 특히 예술가나 문인들 중에는 호로 불리는 것을 원하는 사람들이 특히 많다. 그래서 나도 어떤 기회에 이름을 바꾸고 싶었다. 그렇지만, '뭐 이름 있는 유명 인사도 아닌데' 라는 자의적인 생각보다는 용기가 없어서 지금껏 지내왔다.

내 이름이 좀 더 세련된 다른 이름이길 맘속 깊은 곳에 담고 있으면서도, 차츰 내 이름에 대해서 자긍심이 생겨나기 시작했다. 일본에서 태어난 내게 '열자', '송자'라는 '자'가 붙지 않은 이름을 지어주신 할아버지께도 감사드리는 마음이 생겨났다. 내 이름이 일본식 이름이 아니어서 다행이라는 자존감이 생겨나면서 난 내 이름에 대해 사랑을 느끼기 시작한 것이다. 그런데도 누가 이름을 물으면 '순할 순(順) 입사귀 엽(葉)'이라고 또박또박 말하고, 절대로 '조순엽'이라고 말하길 꺼려했다.

그 뒤 내 이름을 한자로 趙順葉이라고 쓰기 시작하고 '우리나라의 순한 잎이구나' 하고 그 뜻을 새기면서, 차츰 내 이름에 더 애착을 갖게 되었다. 나는 이름을 적어야 할 때나 카드 서명을 해야 할 때는 꼭 한자로 썼다. 미국에서 물건을 사고 카드로 결제할 때 내 서명을 보고 카운터 아가씨가 가끔 중국말로 뭐라 하면 "I AM KOREAN"이라고 답하기도 했다. 한자를 쓰는 내게 중국인이 동족애를 느껴서 물어보았는지는 모르지만, 앞으로도 나는 내 서명을 한자 趙順葉으로 할 것이다.

세월이 지나서 내 이름에 대한 애착이 생길 때마다 나는 전화번호부책을 뒤져본다. 처음에는 분명히 내 이름과 똑같은 이름은 없을 것이라고 생각했다. 그러나 이것은 혼자만의 착각이었다. 나와 똑같은 이름인 조순엽(趙順葉)이 딱 두 명 있었다. 그러나 내가 싫어하던 이름들인 ( )자, ( )순 등의 이름은 같은 이름이 한 페이지나 넘는 것도 있었다. 또 내 이름과 비슷해서 잘못 불려지기도 했던 '조순업' 도 몇 명 있었다. 나는 그걸 보면서 내 이름의 희소성에 만족했다.

50여 년 전 처음 결혼 말이 오가던 어느 날, 내 이름에는 '자녀가 논다'라며 이름을 바꾸길 원하셨던 손위 동서님의 말씀 따라 엄마는 부리나케 작명서로 달려갔었다. 그리고 '수정 정' '착할 선'의 뜻을 담은 조정선(趙晶善)이라는 이름까지 새로 짓고 도장까지 새겨 주었지만 나는 전혀 사용하지 않았다. 아마 어머님은 내가 10살이 넘도록 내 밑으로 아우가 없다는 이유를 내 이름 탓이라고 여겼는지 모르겠다. 그러나 나는 딸 둘을 낳아 시집을 잘 보내고, 지금 잘 살고 있으니 내 이름 순엽(順葉)을 참으로 귀하고 고맙게 생각한다. 지난날 잘못 불려져서 한때나마 내 이름을 부끄럽게 생각했던 어린 시절이 있었음을 오히려 지금 더 부끄러워한다. 이제는 내 이름을 순엽(順葉)으로 지어주신 할아버지께 감사드리며, 오늘도 내 이름 '조순엽(趙順葉)'을 가만히 혼자 불러본다. ♣

문경새재

여행은 내가 나에게 주는 최고의 선물이라고 한다. 여행이란 길 위에 놓인 학교 같아서 우리들에게 무엇이든 가르쳐 준다. 길 위의 놓인 모든 것을 보고 느끼며 갖고 가라고 한다. 길을 떠난 우리는 그저 주워서 먹거나 담아오기만 하면 된다. 인심도 맛보고 쉬면서 편안한 안식처에서 즐기며 된다. 누군가는 '죽을 것 같은 맘으로 일을 하라'고 말한다. 또 누구는 '영원히 살 것 같은 맘으로 살라'고 한다. 두 가지 모두 좋은 말이긴 하다. 나는 영원히 살 것 같은 맘으로 죽도록 열심히 일도 하고, 또 영원히 살려는 맘으로 즐겁게 여행을 하면서 선물을 받으려 한다.

요즘은 한번 다녀온 여행길도 지명과 위치를 잊곤 한다. 그래서 세 번째 간 길도 그냥 또 가는 때도 많다. 젊은 시절 남편 친구 3쌍과 우리부부가 처음으로 문경새재에 발을 딛었을 때는 길도 험악했고 방 얻기도 어려워서 좁은 한 방에서 4쌍이 지그재그로 섞어 자면서, 얼음 깨서 산 물 마시며 걸었었다. 이번에 가서 보니 우리 모습이 변했듯 산과 길과 집들은 많이 변했다. 그러나 시원한 물줄기와 어우러진 숲과 나무는 거기 그 자리에서 우리를 보고 반긴다. '또 왔군요. 이번이 세번째이신가?'라면서 내년에도 또 오라고 손짓을 하는 것 같다.

10월 22일은 우리 부부 47회 결혼기념일이다. 그래서 간단한 케익을 준비하고 친구 부부와 함께 여행을 떠났다. 친구는 결혼기념일이 나보다 며칠 뒤인 27일인데, 이번에 함께 여행 계획을 잡아줘서 고맙기 그지없다. 수안보 온천 예약된 호텔에 차를 놓고 문경새재 3관문을 시작으로 2관문을 지나 점심을 중간 다리 건너편에 있는 한 주막을 찾아 음료수와 함께 파전, 도토리묵 무침 그리고 감자전을 먹었다.

우리가 들어갔던 주막집 아주머니는 구수하고 친절한 말씨로 관광객이 많아서 처음에는 감자전은 할 수 없다고 했다. 그러더니 버스를 타고온 손님이 빠져나가고 나자 한가하다면서 감자전을 부쳐주시면서 서비스로 1000원 짜리 커피도 그냥 먹으라고 한다. 조선시대 유학생들이 과거시험 보려 드나들던 주막은 아니지만, 그 시절 선비들 얼굴이 주막 집 아주머니와 어우러져서 작게 웃어본다.

주막집에서 감자전으로 끼니를 때우고, 1관문인 문경까지 약 5시간 걸어서 도착했다. 평상시 우리 부부는 걷기를 좋아하지 않았으나 이번만은 너무나 좋았다. 늘 준비하지 말고 떠나자고 말하면서도, 결국에는 자기 혼자 준비를 많이 하는 언니 같은 친구와 함께 걸을 수가 있어서 너무 행복했다. 사과 축제에서 맛 좋은 사과를 고르려고 열심히 사과 맛을 보고 나니 얻어먹은 사과에 배가 차서 사과를 사고 싶은 마음도 없어졌다. 다시 수안보 숙소까지 우리를 옮겨주려 충주서 오신 조 교수님 차에 올라타고 백두대간 줄기 이화령에 올라가 아름다운 산줄기를 내려다보며 우리가 달려온 길과 오전에 걸었던 문경새재 길을 찾으며 산 아래가 까마득함에 내려다보니 마음이 힐링됨을 느꼈다.

지난해 가을, 강남문학회에서 백두대간협곡열차 문학기행을 다녀왔던 길을 생각해본다. 각 고장마다 특색 있는 관광지와 먹거리를 개발해서 관광객 유치에 힘쓰고 있는데 많은 관광객이 오게 되면 지역 주민의 경제활동에 큰 도움을 줄 것이다. 강원도 충청북도와 경상북도를 아우르는 멋진 백두대간의 협곡열차는 석탄, 시멘트, 목재를 운반하던 폐 산업철도가 새로운 개발로 낭만열차로 변신한 것이다. 강원도를 생각할 때마다 떠오르는 산더미 같은 석탄더미가 쌓인 산이나 지금 보는 이곳도 모두 백두대간의 산줄기임을 알게 되었다.

석양이 산마루 끝자락에 걸려있는 무렵 우리는 월악산 국립공원에 있는 미륵리 사지 3층 석탑을 찾았다. 신라 마의 태자가 금강산으로 향하던 부처님의 계시를 받아 이곳에 절을 짓고 북쪽을 향한 불상을 세웠다고 전해진다. 폐허된 절의 석탑은 불국사의 다보탑보다는 높지도, 정교하지도 않았지만 그 시대 조상의 솜씨임을 확인했다. 어릴 적 초등학교 시절 사회시간에 우리나라 산지가 평야보다 많은 70%나 된다는 말을 들었을 때 왜 작은 땅덩어리에서 평야보다 그리 산이 많을까? 하며 속상해 했었다.

그런데 이제는 큰 산을 뚫고 터널을 만들어 차를 편하게 통행하도록 하고 있다. 이런 문명의 혜택에 나는 그저 감사할 뿐이다. 지금 모든 길을 평탄하게 다닐 수 있게 한 이 시대 이 문명과 더불어 작고 아담한 산들까지도 모두 울긋불긋 아름다운 단풍으로 물들고 있다. 이처럼 사철이 분명한 대한민국의 모든 땅은 보는 이로 하여금 감탄하지 않을 수 없게 만든다.

조선시대 영남의 선비들이 괘나리 봇짐 하나에 짚신 두어 켤레 뒷짐에 매달고 넘었다는 곳이 조령고개이다. 한양으로 과거시험을 치르러 가던 선비들은 산도적들을 만나거나 사나운 짐승을 만날 각오를 하고 조령고개를 넘어 한양으로 갔다고 한다. 그 당시 과거보는 선비들이 택한 한양 가는 길은 '추풍령'을 넘어가는 길도 있었고, '죽령'을 넘어가는 길도 있었다. 하지만 많은 선비들이 조령길을 선택한 것은 추풍령(秋風嶺)은 추풍낙엽같이 과거에 떨어진다고 해서, 그리고 죽령(竹嶺)은 대나무에 미끄러져 낙방한다고 믿었기 때문이었다고 한다.

1979년도만 해도 남부 순환도로도 없었고, 아파트에 주차차량도 거의 없던 시절에 우리 가족은 차를 몰고 대관령을 넘어간 적이 있었다. 강릉으로 가는 길은 꼬부랑 길이어서 지인들은 모두 놀라면서 위험하니 가지 말라고 했다. 그러나 초보운전자였던 남편은 딸들과 한 약속이라며 무거운 마음을 안고 출발했었다. 그때 그 길이 얼마나 무섭고 험난했는지 남편은 다시는 온 가족이 함께 여행가는 것은 금지한다는 말까지 했다. 온 가족이 함께 다 죽으면 안된다는 뜻에서 했던 이 말에 '한 명이 고아로 남게 되는 것은 더욱 더 아니다'라며 반대했던 때가 70년대였는데, 그때가 벌써 옛이야기가 되어버렸다.

해마다 전국이 새로운 길이 나고 고속화된 길이 곳곳에 들어서니 이제는 세계 어느 나라보다도 도로사정이 좋은 것 같다. 지난 8월에도 2018년 동계 올림픽 장소인 대관령에 가보니 그곳 또한 놀랍게 변화되어 있었다. 가고 또 가보아도 새롭게 느껴지고 놀라운 변화에 깜짝 놀라게 된다. 이렇게 항상 새로운 모습을 볼 수 있으니, 구태여 갔던 곳을 꼭 기억할 필요가 없다는 생각까지 든다.

그날 밤 나는 숙소에서 47주년 결혼기념 케익을 자르며, 남편에게서 작은 선물과 함께 그동안의 세월을 생각하며 지은 시 한 수를 선물 받았다.

파랑새의 꿈을 안고 판도라 상자를 찾아
엘도라도를 향해 묵묵히 걸어온 세월
어언 반세기!

이제
큰애는 마흔 여섯, 그 애 딸은 열일곱
작은 애는 마흔 셋, 그 애 딸은 네 살

정말로
사랑스럽고 자랑스러운 우리 새끼들
강북에서, 강남에서
각각 세 번의 집을 옮기면서 나름대로의
뿌듯함을 느끼곤 했었지

샌프란시스코 '라구나' 스트리트를
'나훈아'로 연상하며 생각해 내는
그 비유적 감각,
그것이 당신을 오늘에 이르도록
하나님께서 주신 달란트
강건하게 지켜가기를 …
47년을 맞은 지금까지도 그 날이 되면
그때, 그 가슴 뛰는 소리를 당신에게 바치오. ♣

나는 바보인가 보다

대전 통영 간 고속도로를 달려가면서 밖을 바라보니 양쪽 산들이 굽이굽이 펼쳐진 몽땅 초록의 향연이다. 산 아래쪽은 좀 진하고 위쪽으로 갈수록 연한 연두색으로 마치 화가가 색채감 살려 물감을 적당한 비율로 그린들 이처럼 아름다울 순 없을 게다. 이 길은 벌써 세 번째 가는 길인데도 처음 가는 길 같다.

'내가 이 길을 전에 왔었다고?'

이렇게 속으로 말하며 얼버무리다보니 내심 한심하기 그지없다. 거의 해마다 같은 계절에 똑같은 고속도로로 오가곤 해서 눈감고도 알 만한 길인 것 같은데도 이렇다.

"멋진 한 폭의 동양화구나. 우리나라 산은 정말 아름다워! 참 좋은 대한민국이야."

이렇게 말하면서 생각해보니 작년에 오면서도, 그리고 2년 전에 오면서도 감동으로 와 닿았던 풍경이다. 우리가 탄 차는 쭉쭉 뻗은 아스팔트길 위 뜨거운 열을 반사적으로 내뿜으며 시속 100Km로 달리고 있다. 함께 동행하는 미국서 오신 강 목사님 부부와 함께 하는 여행이어서 더 많이 변한 고국의 모습을 보여드리고자 다니고 있는 중이다. 운전하는 남편을 도와 안내해야 할 내가 더 아름다운 경치를 찾아내야 한다는 생각으로 잘 떠오르지 않는 기억에 답답한 생각까지 든다.

고속도로 옆 경치에 취하며 달리다가 '이팝나무'로 가로수가 바뀐 모습을 보고 꽃의 향기를 맡기 위해 창문을 열었다. '꼭 흰쌀 튀긴 것 같다'라고 이야기를 꺼내는 순간 차는 고속도로를 벗어나 담양 쪽의 아주 좁은 길에 난 메타스퀘이어(편백나무) 가로수 산책길을 달려가고 있다. 이 길은 관광 유치장소로도 손색없을 만큼 단정하게 정돈된 길이다.

배가 고프면 빵이 생각나듯, 또 비가 오면 우산을 펴듯 한때는 내가 경험했던 모든 것을 기억했던 때도 있었다. 그러나 지금의 나는 풍요로운 그 모습을 즐기기는 할 수 있어도 제대로 기억해내지 못한다. 그러나 기억이 안 난다고 화를 내지도 슬퍼하지도 않으려고 노력한다. 기억이 나는 멋진 한 장의 사진을 액자에 넣어서 화장대 위에 놓고 자리를 수시로 바꿔가며 볼 때도 있다. 물론 사진 한 장으로 그 순간을 모두 담아내지는 못하지만 그때 그 느낌만은 그대로 내게 남아있다.

어차피 애써 기억해 낸다고 해도 그때 그 느낌을 완벽히 말로 표현하거나 보여줄 수가 없다. 그리고 매 순간마다 부분부분 강렬하게 남아있던 느낌들은 오로지 나만의 것일 수밖에 없다. 그러나 그 느낌들이 가끔씩 머릿속에서 되살아나면 현재의 삶을 더 풍요롭게 만들어준다.

개도 기억력이 상당하다고 알려져 있다. 개중에서도 IQ가 가장 높다는 푸들의 기억력은 대단하다고 한다. 개들 중 기억력 순위로는 꼴찌라는 훈트 덕스라는 오리 사냥개를 키우고 있는데 그 개가 하는 행동을 보고 깜짝 놀란 적이 있다. 높이 얹어놓은 간식을 걸상을 딛고 뛰어올라 점프로 꺼내 훔쳐 먹었다. 도둑질한 벌로 혼을 내고 하루를 굶겼더니 골방 구석과 엄마방 쇼파 속에 감춰 두었던 그 간식을 꺼내다 먹는 것이다.

머리가 나쁘다는 개가 어떻게 기억을 했을까? 우리 온 가족은 그 모습을 보고 폭소를 터뜨리며 놀랐다. 나는 그

개에게 '이제 네가 이 할미보다 기억력이 훨씬 좋구나'라고 칭찬하며 간식 하나를 더 주었다.

그렇다면 개의 IQ와 기억력은 다른 것일까? 책에 나온 내용을 보면 사람이 만물의 영장임은 대뇌피질의 능력 때문이라고 한다. 그 중에서 전두엽은 사람으로서 갖추어야 할 이성적 능력과 판단을 관장하는 역할을 한다고 한다. 그러므로 사람이 침펜지와 구별되는 것은 어떤 상황에 대해 합리적인 행동과 의사를 결정해주는 전두엽 때문이라는 것이다.

어떤 상황에 대해 합리적인 결정을 하도록 해주는 뇌의 기관들은 젊을 때와 노쇠되었을 때 그 변화의 차이는 어느 정도이며, IQ가 높고 기억력이 좋은 것과는 어떤 영향이 있을까. 오래전의 이야기로 미국 어느 주의 주지사인가 상원의원 후보가 그 지역 주민의 이름을 다 기억하여 당선됐다는 기사를 본 적이 있다. 그리고 고인이 된 대처, 앙겔라 메르켈 총리, 힐러리 전 국무장관, 브리질 대통령 지우마 호세프, 아르헨티나의 페르난데스 대통령, IMF 총재 크리스틴 라가르드 등등 활발하게 활동하는 인물로 기억되는 여자만 짚어보아도 꽤나 많다.

이처럼 여자들이 공직에 많이 선출되거나 활동이 활발해

지는 것은 세계적인 흐름이 되어가고 있는데, 여성이 세밀하여서 기억력이 좋기 때문에 그렇다고 말하기도 한다.

그런데 신문에 난 기사를 보면 100이 조금 넘은 IQ로 미국 대통령을 지낸 분이 두 분이나 있었다. 또 '평범한 IQ로도 충분히 성공을 할 수 있다. 절대로 발전을 멈추지 마라'며, 100이라는 수에도 훨씬 못 미치는 두 자리의 IQ로 '시간이 사물을 변화시킨다고 그들은 항상 말하지만, 사실 여러분 스스로 사물을 변화시켜야 한다'고 외친 아트 선구자도 있었다.

그렇다면 사람들이 갖고 있다는 지능지수라는 IQ는 사람의 발전과 관계가 없다는 뜻일까. 물론 질병과 죽음에는 관계가 없다는 사실은 미국 레이건 대통령을 포함한 우리나라 최초 여성법관인 '이태영' 박사가 입증해 주고 있다. 그분들도 알치메스 치매로 인해 자녀들도 알아보지 못한 채 죽어갔었다.

난 두 자리 수는 아니지만 높은 천재의 수치가 못돼 IQ에 그동안 늘 주눅이 들어 있었다. 그런데 낮은 수치라도 대통령도, 총리도 될 수 있다는 말에 생기가 난다. '하워드 가드너'의 다중지능 검사를 통해 다양성 검사를 한다면 꽤 높은 수치를 얻을 수 있다는 내 나름대로의 판단으로 혼자 웃어

본다. 내 기억력은 뇌가 노쇠한 탓이라고 단정지으며 자연적인 현상으로 기억력의 쇠퇴해지는 것을 인정하기로 했다.

많지 않은 수의 세계대표들을 보면 머리가 좋은 것보다 기억력이 우선 될 것 같다. 이 기억력은 머리 좋다는 표시인 IQ보다 한발 앞서고 또 다중지능이 높아야 됨을 느끼게 한다. 세상을 살아 나가는 데는 인지적인 능력의 IQ만이 아닌 다른 음악지능, 신체운동지능, 논리수학지능, 언어지능, 공간지능, 인간친화지능, 자기성찰지능, 자연 친화지능 등등 모두를 포함시킨 다중지능의 다양성 높은 사람이어야 성공할 확률이 크다는 사실을 알 수 있다.

모든 사물이 양면성을 지니듯 우리 뇌도 부정적인 측면과 긍정적인 측면의 두 얼굴을 가지고 있다. 집중과 산만, 합리화와 의심, 기억과 망각, 거짓과 긍정, 이성과 감성, 열정과 냉정, 중독과 몰입 등을 가지고 있다고 한다. 긍정적인 인식이 많은 좋은 뇌보다 부정적인 인식이 많은 나쁜 뇌에 속했던 다빈치, 고흐는 천재적인 창의성을 지닌 유명한 예술가로서 삶을 살았다. 그들의 그림 속에 숨겨진 비화 등을 통해 알려져 있듯이 그들은 실수, 왜곡, 망각 같은 뇌의 부정적인 측면조차 긍정적으로 활용했던 천재들이었다.

나도 삶을 풍족하고 행복하게 만드는 뇌의 8가지 숨겨진 비밀을 잘 활용하고 다양하게 발전시켜가고 싶다. 그러면서 기억력이 떨어지는 자연의 현상에 수긍하고 적응해 나갈 것이다. ♣

반려동물 '벨라'

며칠 전 아파트단지 내에서 고양이의 울음소리가 시끄럽다면서 싸우는 소리를 들었다. 들고양이의 먹이를 주던 아가씨와 싸우는 사람은 남자 노인이었다. 동물사랑이 대단한 그 아가씨는 매일 저녁 5시쯤 삶은 닭고기와 함께 물 한 동이를 들고 와서 들고양이에게 먹이를 주었다. 내가 하고 싶어도 못해서 그 일을 하는 아가씨에게 나는 감사하다고 인사를 했었다. 그런데 바로 그 아가씨가 동네 남자 노인과 다투고 있었다.

그런데 오늘 우리집 애견인 벨라의 산책 코스에서 나는 그 남자 노인을 만났다. 예전에 동물을 사랑하는 아가씨와 심하게 다툰 것을 보았기 때문에 순간 나는 놀라움에 떨게 되었다. 그런 내 행동을 보던 벨라는 처음에는 무서운지

주춤하더니 그 노인이 인상을 찌푸리자 즉시 무섭게 짖기 시작하였다. 아무리 달래도 짖는 것을 멈추지 않는다.

"당신이 좋다고 모두가 좋다는 것으로 생각하면 착각입니다. 왜 개를 끌고 다니며 많은 사람들을 놀라게 하는 건가요? 그렇게 좋으면 당신 집안에서나 기를 것이지 왜 데리고 나오세요?"

이렇게 노인은 내게 직사포 쏘듯 말을 퍼붓는다. 그 노인의 말이 맞는 말이긴 하다. 또 시끄럽게 하고 놀라게 한 것도 참말로 미안하다. 그런데 주택이라면 마당에서 키울 수 있지만, 여긴 아파트단지여서 모든 공간이 사람들과 함께 공유할 공간일 수밖에 없는 곳이다. 그래서 반려동물을 키우는 사람들은 공통적으로 함께 살아나가려면, 조금씩 이해와 사랑을 나누어 주었으면 하는 심정일 것이다.

우리 집 애견 벨라는 집안에서 현관 밖 소리에 아주 예민하게 반응한다. 그래서 손님들이 올 때에는 방안이나 욕실에 잠깐씩 가두는 번거로움이 있긴 하지만 그 일이 귀찮지는 않다. 때로는 사람들과 소통을 방해하기에 잠깐동안 격리시키는 내 반려자인 벨라에게 미안한 생각이 들곤 한다. 도둑으로 가장한 방문객들이 내 주인을 해칠 것 같은 공포에서 가족을 지키기 위한 본연의 의무 수행 중인 개를 가두는 것에 대한 미안함이 먼저 들기 때문이다. 분명한 것은 벨라가 사랑하는 눈빛으로 쳐다보는 사람들에게는 짖지를 않고, 자기를 대하는 상대방의 표정에 따라 다르게 반응을 한다는 것이다.

또 나는 애견 벨라와 산책을 나갈 때마다 수없이 "죄송합니다"를 연발하며 죄인 같이 고개를 조아린다. 그런데도 벨라가 짖기라도 하면 "왜 수술을 안 해줘요?" 하고 말하는 주민이나 거세시키라고 말하는 주민들도 가끔 있다. 나도 벨라가 6개월에 한 번씩 주기적으로 생리를 치루기 때문에 그 처리가 귀찮기도 해서 결단을 내리고 싶을 때도 있었다. 또 친분이 있는 분의 권유도 있었다. 물론 가정에서 기르는 반려견들을 거세시키는 사람들도 내 주변에 있다. 그런데도 아직까지 내가 따르지 않는 것은 벨라에게 주어진 그대로의 삶을 살게 하기를 원하는 내 마음과의 약속을 지키기 위해서이다 .

지난 몇 십년동안 수 없이 많은 개들이 나를 거쳐 가는 동안 가끔 막상 시킬까 하는 생각이 들 때도 있었다. 그럴 때마다 동물들의 생각을 알지는 못하지만 동물들 나름대로 자기들끼리의 소통 방법의 하나라고 생각하여 차마 그렇게 하지 못했다. 또 생리적인 현상을 제거한다는 것도 미안하기도 하여 한 번도 의도적인 수술을 한 적은 없었다.

지금도 내 주변에는 집에서 기르는 애견이나 또는 고양이들에게 성대수술을 해 준다는 분들이 더러 있다. 또 들고양이는 새끼의 번식을 막느라고 정부차원에서 수고양이를 거세시켜 개체수의 번식을 막고 있기도 하다. 이러한 일들은 가족 같은 애완동물들의 건강을 지켜주면서 오래동안 함께 살고픈 마음에서 하는 동물 사랑 차원에서 하는 일이라고 생각되기도 한다.

한 방에서 동거하는 애견이 사람 같은 감성을 가진 건 물론 아니지만 분명 어느 정도의 소통은 가능하다. 주인이 울면 함께 슬픈 눈으로 낑낑거리며 위로도 해 주며, 주인이 외출을 준비하면 자기 데리고 나가냐고 묻는 사인을 한다.

"그래 너도 함께 가자."

하고 말하면 곧바로 개 목줄로 묶으라고 목줄 앞에 서서 목을 길게 빼고 기다린다.

"아니야 넌 집에 있어"

하고 말하면 섭섭한 맘으로 구석의 자기 집속에서 가련한 척 보이게 쭈그리고 눕는다. 소변이나 대변을 화장실에서 해결한 후에는 꼭 주인 앞에 와서 낑낑 대거나 눈치를 한번 씩 본다. 그 때

"왜 그러니?"

하고 물으면 욕실 앞으로 주인을 인도한다.

"응. 착하다. 대변을 보았구나. 상으로 치즈볼 줄게."

하고 말하면 치즈볼을 줄 때까지 피아노 위 간식박스를 바라보며 기다린다. 이러니 어찌 우리집 재롱둥이 '벨라'에게 목 수술을 하여 말을 못하게 할 수 있겠는가.

까마득한 옛날 6.25 피난시절에 폭격에 맞아서 죽은 검둥이와 그 새끼 8마리에 대한 그리움이 아직도 나에게 남아있다. 그래서 개소리가 시끄럽다는 분들에게는 좀 미안하지만 난 개 짖는 소리가 싫지 않다. 개가 짖을 때마다 '뭐라고 말하는 걸까?' 하고 생각하면서 가끔 궁금하기도 하고 한편으로는 애처롭게 들리기도 한다. 그걸 제대로 못 헤아려 준다고 생각하여 때로는 답답하기까지 하다.

이제는 돈이 가치의 기준이 되는 세상이 되었다. 그래서 사람들은 많은 돈이 훌륭한 인격이라고들 한다. 우리 주변에 보면 재산 상속으로 인한 부모자식 간의 갈등으로 인해 부모를 살해하는 패륜아도 생겨나고 있다. 또 일부 드라마에서 보듯, 부모 자식 간에 소송이 이루어지거나 집안의 규율을 법에 의탁해야 하는 가정도 있다. 이처럼 현대는 법으로 규정을 짓지 않으면 가족끼리도 질서를 잃어가는 세상으로 바뀌고 변해가고 있다.

그런데 반려동물들은 믿을 수 있다. 자기를 사랑하는 주인을 거부하지도, 미워하지도 않고 오직 짝사랑만 한다. 그래서 개를 싫어하시는 노인도 개가 짖는다고 미워하지 마시고 이제부터라도 고양이 밥 주는 여인에게 감사하는 맘을 갖게 되길 빌어본다. ♣

천사와 악마

미국의 손녀는 23개월 된 여아이다. 12개월 때부터 대변을 표정으로 표현해 1회용 기저귀를 절약하도록 했고, 두 돌이 지난 후부터는 소변 가누기 훈련을 시켰다. 그러던 어느 날 소변 대신 대변을 보고 싶다길래 할아버지가 화장실에 데리고 가서 변기에 앉혔다. 그런데 냄새가 나니까 문 닫고 자꾸 나가라고 했다. 괜찮다고 해도 막무가내로 나가라고 한다. 용변을 끝낸 후 욕실로 가서 씻겼더니 아주 미안한 얼굴로 고맙다는 듯 멋쩍은 표정을 지었다. 그 모습을 보니 언어가 다르고 발음과 억양이 좀 달라서 어색하지만, 한국말도 잘 하고 그리고 얼굴 표정이나 몸짓으로 바디랭기쥐(body language)를 통해 자신의 생각을 더 잘 나타

내려는 빛이 역력했다.

손녀는 외출 후에 돌아온 제 어미를 보더니, 할아버지께 부끄러웠다는 표정을 지으며 자기를 두고 나간 엄마에게 원망 하듯 '어디 갔다 왔어?'라며 채근을 한다. 또 자신을 챙겨준 할아버지를 보며 땡큐를 연발하였다. 겸연쩍은 표정으로 미안한 마음을 전하고 있는 손녀를 보면서, 하나님이 주신 선물에 고맙고 감사한 마음이 들었다. 그리고 외국인과 결혼한다는 딸의 결혼을 반대했던 지난날을 기억나게 했다.

2년 전 여행 중에 손양원 목사님께서 순직하시기 전까지 설교하시던 여수에 위치한 교회에서 예배를 드린 적이 있었다. 그때 기도를 하던 중에 깊숙한 내 마음속에서 깨달음이 오면서 기도와 회개로 눈물을 한 양동이나 쏟았다. 곧바로 기도실을 나와 미국에 있는 딸에게 전화를 했다. '딸아 사랑한다. 많이... 그리고 미안하다.'

아들을 죽인 원수를 아들로 양자로 삼으신 손양은 목사님을 생각하니 딸의 결혼을 반대했던 내 모습이 너무나 부끄러웠다. 그동안 높고 큰 벽으로 가로막혀 멀고 먼 사이가 되었던 딸과의 관계를 회복하기까지는 이렇게 만 2년이란 세월이 걸린 것이다. 사람이 산다는 것은 서로가 서로에게 상처를 주기도 하고 받기도 하는 것이며, 살금살금 조심한다고 해도 서로 다칠 수 있다는 생각을 해보게 되었다.

서울교회 성도 중 70세가 넘는 장로, 안수집사, 집사들과 그 부인들이 함께하는 모임인 아브라함 선교회가 있는 날. 정인원은 100명도 훨씬 넘는 인원이지만 늘 참석 인원이 미달이다. 사정이 있거나 병환이 있는 분을 빼면 거의 참석하지만 부인을 먼저 하늘나라로 보내시고 빈자리에 홀로 앉으신 장로님을 보노라면 안타깝다. 나는 남편의 자리를 쓸쓸하지 않게 하겠다며 몸이 좀 불편해도 열심히 참석한다.

"여보, 내가 당신 회비까지 1년치 다 냈어요."

남편의 말을 들으며 '네. 고마워요.'라고 말은 했지만, 속으로는 '당연하지요. 아내 회비를 낼 수 있는 건 영광이죠? 내가 먼저 갔으면 이 자리엔 홀로 앉은 저 분들 같이 쓸쓸한 당신의 자리가 됐을 텐데…'라는 생각을 했다. 전반기 회비는 남편이 미처 준비를 못해서 내가 내면서 '함께 참석할 수 있는 것만도 감사하구나'라는 생각을 했다는 기억이 난다.

나는 예배 참석마다 앞에 앉기를 고집한다. 그런데 남편은 내 뜻을 어기고 항상 중간 뒤쪽 좌석을 고집한다. 수요예배를 드리던 어느 날, 나는 오기가 발동하여 남편이 앉은 좌석을 못 본 척 지나쳐서 내 뜻대로 앞좌석에 앉았다. 이렇게 하고 싶었던 것은 아주 오래전부터 혼자 생각해왔기 때문이다.

미국의 사업가이며 자선가이기도 한 존 D 록펠로는 권사인 어머니의 유언에 따라 예배시간 20분전 맨 앞자리에 앉아서 목사님의 얼굴을 주시하면서 예배를 드렸다고 했다. 그 말씀을 목사님으로부터 듣고 알았다. 내가 처음 엄마의 인도로 교회에 나가게 되었을 때 권사였던 내 엄마도 맨 앞에서 예배를 드렸다. 나도 엄마를 따라서 하다보니 어느 때부터인가 록펠로 1세와 같은 앞자리가 내 자리가 되어 있었다.

앞자리에 앉으니 목사님 얼굴도 잘 보이고 설교말씀도 더 은혜롭게 들렸다. 주변을 둘러보니 어쩌다 홀로 앉으신 권사님과 장로님이 눈에 띈다. 그 분들 모습이 오늘 따라 더 외롭고 쓸쓸해 보인다. 문득 저 뒤에 홀로 앉아 있을 남편이 생각난다. 남편이 앉은 자리가 내가 없는 미래를 준비시키는 자리라는 생각이 들면서 갑자기 눈물이 왈칵 솟는다.

그로부터 일주일이 지난 수요일이었다. 매달 첫 수요예

배의 찬양은 은퇴하신 장로, 권사, 또 안수집사들로 구성된 '은빛찬양대'가 찬양을 부르는 날이다. 백발이 성성한 분들로 구성된 은빛 찬양대의 성스런 찬양을 듣노라면 저 분들이야말로 천상의 화음이 아닌가 할 정도로 나의 심금을 울리곤 했다.

그런데 그 날은 유난히도 더욱 아름답고 우렁찬 찬양이어서 목사님을 비롯한 모든 성도들의 칭송이 대단하였다. 그 순간 '순례자의 노래' 중 테너파트에서 홀로 하나님께 영광 돌리는 남편의 모습이 보였다. 찬양대 속에서 노래 부르는 백발의 내 남편의 모습을 보는 순간 너무나 자랑스러웠다.

남편은 지금 이곳 교회로 옮기면서 곧바로 시온 찬양대와 아멘 관현악단에서 트롬본 주자로 활약하였다. 그동안 주일과 수요 2부에서 봉사했는데, 70세가 넘으면서 교회규정에 따라 은퇴했는데, 다시 찬양대의 자리에 선 것이다. 고마워요. 그리고 너무 멋져요. 나는 마음속으로 남편을 응원하며 남편을 바라보니 남편의 백발이 더 한층 빛나 보였다. 그 모습을 보며 '함께 앉아 예배를 못 드렸던 지난날을 다시 반복하지 않고 내 욕심이 아닌 당신의 뜻에 따라 앉을께요.' 라고 마음속으로 생각했다.

앞으로 내 생각이 옳은지 옳지 않은지 기도로 응답받는

생활을 자주 가져야겠다는 다짐을 해보며, 내 마음속에 있는 악마 히틀러와 천사 테레사가 함께 공존하는 시간이 자주 있지 않기를 기도한다. 아니 악마인 히틀러는 영원히 없어지길 빌어본다. ♣

누가 만들 수 있나

교사 시절 나는 학급 아이들에게 고무찰흙과 공깃돌을 항상 준비시켰다. 아이들이 학교에 등교한 후 칠판에 동물이나 사물 이름을 매 주마다 다르게 적어놓고 쉬는 시간을 이용하여 고무찰흙으로 만들도록 했다. 그렇게 만든 고무찰흙 작품은 하교할 때 확인받도록 했다. 이렇게 일 년을 보내고 나니 아이들의 솜씨도 세련되고 능숙해졌다. 그리고 내가 섣불리 판단할 수는 없지만, 분명 두뇌발달에 도움이 되었으리라고 확신하면서 계속 추진하였다.

공기놀이는 시간 날 때마다 편을 짜서 교실 뒤쪽 공간에서 시합을 하도록 했다. 이 또한 재능발달에 같은 효과를 주는 놀이라는 생각에서 분단별로 시합을 시켰고, 가끔 나도 아이들과 합류하여 시합을 하곤 했다. 나는 이런 내 신념에 확신을 갖고 지도하였을 뿐만 아니라 아는 사람들에게는 줄넘기까지 권유했고, 내 손녀에게도 그런 놀이를 가르쳐 주었다.

나는 내 딸들을 키울 때 유치원에도 안보내고 스스로 자기주도 학습을 하도록 했었다. 그렇게 교육을 받은 탓인지 내 딸도 손녀를 학원에 보내지 않았다. 손녀는 다른 친구들이 학원에 3~4개씩 가는 동안 홀로 책을 읽으며 놀이만 했다. 나는 그런 손녀에게 찰흙놀이, 공기놀이, 또 줄넘기까지 열심히 가르쳤다. 손재간이 좋은 손녀는 호랑이든 강아지든 이름만 말하면 척척 비슷하게 만들었다. 또한 손녀가 밥을 먹을 때는 무거운 은수저와 은젓가락만을 사용하도록 했다. 포크는 과일 먹을 때 외에는 사용하지 못하게 했다. 그리고 공기놀이감은 바닷가에서 주워온 소라 껍데기와 맑은 냇물에서 주워온 돌멩이를 사용하였다.

손녀는 집에서 혼자 노는 습관에 길들여졌고, 만들기에도 취미를 붙여 시간을 잘 활용했다. 어떤 때는 카드를 이용하여 스스로 제작한 영어 문장게임을 하곤 했다. 또 공기놀이를 비롯한 이런 저런 놀이를 실내에서 저 혼자 하고 있으면서 밖을 안 나가니 안전사고 예방 차원에서도 아주 좋았다. 그때는 사는 집이 1층이라 실내화만 신고 줄넘기를 마루에서도 할 수 있어서 안성맞춤이었다. 손녀는 막간을 이용한 휴식시간에는 나와 줄넘기를 하거나 공기놀이를 하며 시간을 보냈는데, 놀이를 할 때마다 놀이가 아니라 꼭 '시합을 하자'라고 말했다.

"할머니 공기시합하자. 근데 할머니는 왼손으로 해."

이렇게 말한다. 손녀와 하는 시합은 항상 즐겁다. 그러던 어느 날 손녀가 나에게 물었다.

"할머니, 쌩쌩이도 할 줄 알아?"

젊어서 학교에서 애들을 가르치면서 해보았던 것이지만 실제로 해보니 겨우 2번을 하고 그쳤다. 처음에는 어렵다며 못하겠다고 하던 손녀는 그후 몇 번 연습을 하더니 이제는 쌩생이를 쉬지도 않고 연속으로 30회 이상을 한다. 그래서 유학을 간 미국중학교에서 체육선생님은 물론 아이들까지 그 모습을 보고 난리가 났다고 한다. 손녀의 저 힘과 저 능력, 그리고 자신감은 어디서 나오는 것인지 궁금할 정도이다.

손녀가 네 살 되던 어느 날인가는 퇴근 후 거실 한가운데에 가득 늘어놓은 비디오 테이프 케이스를 보았다. 나는 언짢은 표정을 지으며 말했다.

"장난감도 아닌 걸 왜 이렇게 늘어놓았니?"

"기찻길과 멋진 마을과 또 산, 잔디 속의 집은 우리 집이야."

손녀는 나에게 자세하게 설명을 했다. 그때 나는 쌓기 놀이감이 있는데 왜 비디오 케이스냐 라는 생각만 했었는데, 한 가지가 아닌 여러 가지 재료를 다양하게 선택할 수 있는 것도 또한 창의성 계발에 좋다는 것을 나중에 책을 통하여 알게 되었다. 손녀는 비디오 케이스를 세로로 놓거나 옆으로 또 비스듬히 갖가지 형태로 꾸며서 갖고 놀았다. 집에 있는 다른 재료도 모두가 손녀에게는 놀이감이다. 심지어는 주방에서 밥공기까지 찾아다 꾸며놓은 것을 본 애 엄마는 흐뭇한 표정으로 그저 바라보고만 있다.

그 모습을 보다가 평일에 늘 엄마 없는 집에서 우리 두 딸들은 어떻게 어린 시절을 보냈을까 하고 생각하니 내 마음이 아팠다. 비록 다양성이 필요한 어린 시절에 내 딸들에게는 아무 것도 해주지 못했지만 내 손녀에게는 다 해줄 수 있어야 한다는 생각을 했다. 그런 탓에 나는 딸들이 직장생활을 하지 않기를 원했고, 딸들도 절대로 직장을 안 갖겠다고 했다.

손녀가 중학교 1학년 때였다. 공 연습을 한다고 학교 운동장에 갔다가 제 부모한테 혼나고나서 울며 들어왔다. 손녀의 무릎을 보니 상처가 나 있어 치료를 해주면서 물었다. 제 엄마는 계속 연습하길 원했고, 자기는 상처가 아파서가 아니라 또 다른 면에서 관심을 받길 원했다고 했다. 제 부모는 내일 체육시험 볼 아이의 자세가 맘에 안 들어 계속 연습하길 원했던 것이고, 아이는 다른 생각을 하고 있었던 것이다.

그 모습을 보니 딸의 중학교 시절이 생각났다. 딸이 농구 시험을 보기 전날이었다. 퇴근 후에 딸에게 농구 연습을 시키려고 초등학교 운동장에 데리고 갔는데 딸은 딱 한번 공을 넣고는 말했다.

"엄마, 됐어요. 고만 가요."

그때의 모습을 떠올리며, 구기를 워낙 못하던 딸에게 '너는 중 2 시절 생각 안나니? 다 그런 거야. 너도 이젠 어미 심정 알겠구나.' 하는 말을 하고 싶었다.

난 딸들에게 대치동 부모는 못되었지만, 손녀에게라도 하고파서 영어도 부지런히 익히고 컴퓨터도 일찍부터 배워서 '할머니는 이것도 몰라'라는 소리는 안 들었다. 또 세대 차를 느끼지 않는 할미로 변신하고자 나름대로 책을 통하여 열심히 배웠다. 하지만 가끔씩 주위를 돌아보노라면 걱정이 되는 건 사실이다. 나날이 재롱부리며 커가는 손녀를 보며, '내 딸들에게서 지금 손녀와 같은 재롱부리는 맛을 느꼈더라면 나도 일찍 직장을 그만 두었을 것'이라는 생각을 가끔 할 때도 있다. 눈에 넣어도 안 아프다는 자녀 사랑과 영원한 짝사랑인 손녀사랑은 저절로 생겨나나 보다.

언젠가 아는 학부모가 딸에게 이렇게 말했다.

"라혜 엄마, 왜 방학 때마다 나가세요? 방학 때엔 좋은 학원에서 종일반에 등록하여 알찬 공부시켜야죠."

미국 관광은 학기 중에 결석하고 가라며 일러준 그 학부모가 잘못된 생각을 지닌 것쯤은 나도 알고 있다. 그러나 1, 2년씩 영어권 나라로 유학을 떠났다가 돌아온 아이들 대부분은 대단한 영어실력을 갖추고 있는데, 아기 때부터 매년 미국에 갔던 우리 손녀는 별로 얻는 것이 없었던 것 같았다. 딸은 여름 방학 때마다 1~2달동안 미국에 10여 년간 드나들어도 손녀에게 영어를 특별히 가르치지도, 물건 구입방법도 안 가르쳐주고 문화생활만 익숙해지는 교육이면 다 된 것이라고 말했다. 그래서 나는 손녀의 교육을 놓고 의견차가 많이 났다.

안타깝게 생각했던 어느 해인가 여름 방학 때에 딸은 손녀를 초등학교 섬머스쿨을 보냈다. 그곳 역시 하루 종일 땡볕걷기, 시장 조사, 바닷가에서 수영하기 등 직장 나가는 부모들의 아이들을 보살펴주는 보호자 차원의 교육이었다. 그리고 자연 관찰위주로 프로그램을 활용하는 수업이었다. 5·6세 때는 2년 동안 년간 회원권을 끊어 에버랜드, 케러비언 벨리, 민속촌을 자주 드나들었다. 또 제주도에 갈 때도 이번엔 이 친구, 다음엔 다른 친구와 함께 동행하는 일도 나는 납득이 안 되었다.

한번은 이런 일도 있었다. 제주도에 간 딸 가족이 내일 도착하는데 그날이 유치원 원서 마감날이었다. 동 대표인 할아버지 명분으로 원장 선생님 전화번호를 알아내고 아파트 관리소장의 도움을 받아 입학허가를 받아냈고, 다음날 돌아온 손녀의 사진을 찍고 원서에 붙여 첫 손녀를 유치원에 입학시켰다. 이러한 우리 부부를 보며 딸이 했던 말은 '제 딸은 유치원에 안 보내려 했다'는 것이다.

이처럼 나는 딸과 손녀의 교육을 놓고 의견차가 나기도 했다. 이렇게 딸과 언쟁을 치르며 유치원 2년, 초중고 9년 모두 11년 동안 손녀 하나를 가운데 놓고 많은 갈등을 벌였다. 나도 평생을 교사로 바친 교육과 출신 엄마이고, 딸 역시 교육학과 출신인데도 세대차간의 교육이념이 너무 커서 갈등을 느낀 것이다.

이제는 '뭐, 제 자식 제가 키우는데' 하면서 그냥 넘겨버리고 만다. 어떤 게 정답인지는 모르지만, 그동안 한 가지 알게 된 것은 미국 유치원과 초등 교육방법이 딸이 주장하는 것과 비슷하다는 것이다. 미국의 교육은 창의성 계발을 위한 교육이었다. 우리나라 아이들은 6세부터 3~4가지 과외로 훈련되었기 때문에 지구력은 신체적으로 당해내기가 힘들었다. 아이들이 창의성이 좋다 해도 어릴 때부터 체력 훈련이 안되어 있다면 아주 힘든 건 제대로 할 수가 없는 것이다.

"할머니는 오이같이 생겼네요."

어릴 적에 잔소리 하는 나에게 싫다는 표현으로 손녀가 내게 썼던 표현이다.

"이것 나 주면 멋진 백으로 바꾸어 드릴께요."

그러면서 내가 버리려던 실크 지갑을 멋지게 페인팅 하는 창의력도 발휘한다. 잘 사용하지 않는 책이나 옷, 가방 등을 모두 모아서 친구들과 함께 바자회를 열고, 벌어드린 그 돈을 제 용돈과 합쳐 수박을 사서 노인정에 찾아가 춤과 노래는 물론 장기자랑과 또 안마까지 해드릴 생각이 어디에서 나왔을 것인가.

학습과 봉사에 최선은 다하면서 욕심을 부리지 않고 생각이 좀 달라도 싫다는 표현을 하지 않고, 못된 짓을 하는 것을 보면 자신을 희생하면서까지 고쳐주고 싶어하는 내 손녀이다. 모든 친구들이 싫어하는 친구도 잘 챙겨주면서 또래로써 함께 활동하게 만드는 친구사랑도 뛰어난 손녀이다.

'창의성의 씨앗은 취학 전에 발아된다'고 한다. 그래서 전면적 인간의 발전을 위한 체험적 지식보다는 초등학교 입학 전부터 글자와 수학의 원리를 깨우치고 입학시키고, 꿈과 공상으로 가득해야 할 유년을 영어유치원과 수학교실에서 시작하는 우리 현실이 안타깝다. '취학 전의 아이들은 마음껏 새로운 세계를 경험하며 발랄하고 자유로운 상상을 마음껏 할 수 있어야 하지만 우리 아이들은 처음부터 막아버렸다'라고 어느 시골 의사가 투고한 신문의 글에 공감하게 된다. 그 시골의사는 '영어단어 외운다고 학습능력이 뛰어나지도 않고, 유소년 체험 학습을 보내려고 줄줄이 비행기를 타는 것 또한 모두 창의력을 향상시키는 것이 아닌, 창의력의 죽음이다'라고 말했다.

아이들은 규격화된 여행이 아니더라도 자연에서, 조약돌에서, 송사리에서 신기함과 기적을 느낀다. 어린이용 독서교육은 하지 않더라도 또래와의 놀이 부모와의 관계 속에서 사고하는 방법을 익힌다. 그런데 현재 우리나라 교육은 반대로 가고 있다고 그 의사는 지적하고 있다. 또 그 의사는 아이들을 학습 기계로 만들어 틀에 박힌 사고에서 벗어나지 못하게 만드는 이런 스펙사회를 바꾸지 못한다면 아무리 기다려도 제2의 스티브 잡스는 나타나지 않는다면서 우리나라의 교육을 비판했다. 스티브 잡스의 창의성은 선행학습도, 사교육도 아닌 경험과 아버지가 자동차를 수리하며 들려준 이야기들에서 출발한 것이기 때문이라는 것이다.

38년 봉직한 교육자인 나 또한 스펙사회에서 어른이 되었다. 또 그 스펙 사회에 길 들여져서 지금도 그 틀에서 벗어나기 힘들다. 이제라도 내 손녀를 통해 배운 바대로 내 딸의 교육이 옳음을 인정하려는 것은 잡스 같은 인물로 키우기 위한 꿈도 있지만 능력위주의 인물이 되기 위한 모든 기초가 곧 창의력이기 때문이다. 유학 가고 싶다던 손녀는 이제 미국 하이스쿨 9학년에 입학해서 오늘도 창의력 향상을 교육받는 노란 머리의 미국아이들과 함께 열심히 공부하고 있다. 그 모습을 생각하며 난 손녀에게 마음속으로 말한다.

“손녀야, 넌 잘 할 수 있어, 무엇이든지…” ♣

여드름

무거운 침묵이 오랜 동안 흐른다. 그리고 갑작스레 벌떡 일어난 아이는 정원으로 후닥닥 나가버렸다. 눈치를 보니 역시 심상치 않다. 심하게 앓고 있는 사춘기란 병이 찾아온 아이에게 도와 줄 수 있는 건 아무것도 없었다. 책상 위에 놓여있는 종이 한 장이 눈에 띄었다. intro라는 제목과 함께 여러 줄의 호소가 담긴 것 같은 글들이 쓰여져 있다. 어찌 보면 시인의 시 같기도 하다. 어떤 순간에는 누구나 시인이 되는 것 같다.

누군가 죽는 것은 슬프다.
그치만 어느 샌가
슬픔이 익숙해진 나는

이제 뭐가 얼마나 슬픈 건지 잘 모르겠다.

누군가 말했다
"죽음이 두렵지 않아서"
라고
죽음보다 더한…

누구든 나를 오랫동안 지켜보고 잘 아는 사람은 말한다. 너는 네 인생을 바탕으로 수필을 써야 한다고. 겪은 일들을 세상에 알려 맹목적인 침묵으로 인한 다른 경험자들이 공감하고 이해를 하고 위로를 받아야 한다고. 내 인생 15세의 많지 않은 나이! 너무 다이나믹하다. 죽을 고비를 두 번 넘기고 여러 경험들이 많았지만 그런 것들은 내게 아무런 고비가 되지 않았고 작은 영향도 미치지 않았다. 육체적 고통으로 인한 정신적 충격 그런 것 따위는 날 끌어내리지 못한다. 울고 싶은데 그 자리에서 웃음으로 대하여야 한다는 것, 죽음이 두렵지 않다는 것, 일 분 일초마다 불안함을 숨기려고 내 자신이 나를 속여야 한다는 것, 그런 것이 나를 너무 힘들게 한다. 정말 힘들다. 지금 이 시간도 불안한 시간을 겪고 있는 나. 그런 나를 옆에서 지켜보는 가족의 마음은 어땠을까.

이 글을 보면서 여고 졸업식 때 찍은 필름 한 통이 빛을 받아 몽땅 망가져서 슬펐던 내 소녀시절이 떠올랐다. 크기는 잴 수 없지만 그 시절의 슬픔은 오늘 이 아이의 슬픔만치는 아니었던 것 같다. 그러기에 아이의 아픔을 치유해 줄 방법을 찾기가 어려울 것 같다. 그저 빨리 이 시기가 지나길 바랄 뿐이다. 늘 그랬듯이 이럴 때마다 내가 할 수 있는 것은 오직 기도뿐이다.

사랑의 하나님!

만물을 주관하시고 우리의 뼈 속 및 관절과 골수를 쪼개기까지 하시며, 또 우리들의 마음과 생각과 뜻을 판단하시며, 말씀이 살아 활력이 있어 좌우 날선 어떤 검보다도 예리하신 하나님 말씀이심을 압니다. 우리 모두 잘못을 하고 회개와 기도로 정직한 우리가 됨을 기뻐하심도 알고 있습니다. 부족함이 자랑은 아니지만 새벽부터 늦은 밤까지 성경말씀 붙잡고 기도로 하나님께 간구하며, 자녀들을 위해 할 수 있는 우리부부의 손놀림까지도 무색하게 할 때가 있습니다. 70여 일 동안 홀로서기를 위해 안간힘 쓰고 있는 그를 보시고. 염려와 사랑으로 보살피는 모두가 있듯, 소녀도 부모에게 잘 하려 노력하고 있음도 모두가 보게 하소서.

지혜를 주시는 하나님!

우리에게 짜증 내며 반항함을 받을 준비는 되어 있는데도 홀로 울분을 참고 고통스러워하는 모습에 저의 무능함이 부끄럽습니다. 오랜 시간 침묵에서 그림자만 보는 그녀의 활달했던 본래의 모습이 그립습니다. 견디기 어렵고 힘든 일이라도 인내는 앞날의 큰 즐거움으로 잘 살기 위한 연습임을 깨우쳐 주시길 바라며 '여호와여 내 마음이 교만하지 아니하고 내 눈이 오만하지 아니하오며 내가 큰일과 감당하지 못할 놀라운 일을 하려고 힘쓰지 아니 하나이다.'

폭풍이 몰아친 후의 하늘은 더욱 맑고 푸르구나. 더 많이 사랑하고픈 라혜의 생일을 축하한다. 15년 전 삼성병원에서 태어난 네가 벌써 고등학생이 되어 먼 미국 땅에서 어려운 유학생활을 하고 있으니 감회가 새롭구나. 온 가족이 초조하게 기다리는 순간 엄마를 많이 힘들게 하지도 않고 아주 큰 눈과 뾰족한 코, 도톰한 귀를 갖고 우리와의 첫 만남을 가졌었지. 지금도 유난히 높은 코는 남들로부터 오해를 받을 만큼 예쁜 것 너도 알고 있지?

라헤야,

사춘기를 관통하고 있는 지금 힘들고 어려운 유학생활에 수고가 많다는 것 잘 알고 있다. 하지만 우리가 네가 아니고서야 어찌 그 깊숙한 곳을 다 알 수 있겠느냐? 그저 그동안 힘들어도 잘 적응해줘서 고마울 뿐이다.

인간이 만물의 영장임은 대뇌피질의 능력 때문이고, 그 중 전두엽은 인간으로서 갖추어야 할 '이성적 능력'과 '판단을 관장하는 역할'이 침펜지와 차이가 나는 것도, 또 어떤 상황에 대해 '합리적인 행동'과 '의사결정'을 할 수 있는 것은 모두 전두엽이 주관하고 있다고 한다. 충동을 억제하는 전두엽은 20~25세에서 30세까지 완성되기에 사춘기를 맞는 모든 아이들의 뇌는 원시뇌라고 부를 정도의 미성숙 상태란다. 그곳에 스트레스가 쌓이면 피가 뇌에 모여서 전두엽으로 흐르지 않아 기억도 약화된다니, 전두엽이 성숙되기 전의 아이에게는 대학생이 될 때까지 그의 판단을 최대한 존중하며 모두가 합심하여 협조를 구하는 의견을 듣고 가족 모두는 그의 길잡이가 되어야 한다.'라고 쓴 두뇌박사의 책을 읽고 생각해 본다.

아이의 엄마와 이모인 두 자녀를 키운 우리가 살았던 세상과 아이가 자라는 세상은 많이 달라졌다. 물론 인간의 뇌의 구조가 달라진 것은 아니겠지만, 참말로 아이들의 생각을 이해하기는 많이 어렵다. 그래도 항상 부모가 책을 가까이 하며 세상을 앞질러 간다면 이 시대 아이들은 날로 더 똑똑해질 것이다.

17~18세가 되면 인지능력 수준은 성인 수준이 된다. 그러나 심리사회적 능력은 인지능력에 비해서 훨씬 나중에 성숙된다. 열정과 도전정신이 앞선 라헤는 보상중추가 활발하게 활동하는 시기인지라 당장의 즐거움만 생각할 위험이 있다니 한 번 더 생각했으면 한다. 화내고 싶을 때마다 뇌신경이 손상된다는 것을 상기시키면서 마음을 가라앉히고, 가족 모두가 아이에게 더 잘 해 줄 것을 마음속으로 약속하고 싶다.

아이야,

거울 앞에서 찡그린 얼굴과 밝게 웃는 얼굴, 또 슬픈 표정을 짓는 얼굴과 기쁨에 넘치는 얼굴 등 여러 가지 모습을 만들어 보렴. 어떤 얼굴로 자신을 만들어 갈까를 생각하며 더 예쁜 소녀가 되길 바란다. 그동안 무지해서 잘 몰랐던, 그래서 이해 못해준 것들이 많아 미안하구나. 다시 한 번 너의 생일을 축하한다. 그리고 많이 사랑한다. ♣

낭만(浪漫)

인간의 진정한 아름다움은 미를 본질적 가치내용으로 하는 음악이나 문학, 건축, 회화 등의 예술을 통해 추구할 수 있다. 그 중에서도 음악은 나를 가장 강렬하게 감동시킨다. 음악은 지혜나 철학보다 더 높은 게시를 준다고 베토벤이 말했다고 한다. 음악을 좋아하여 창작 및 가창 등을 즐겨하는 남편은 작곡한 작품을 함께 감상 후에 소감을 나누면서 더 아름다운 곡으로 완성시켜 나간다.

38년 동안 했던 공직생활을 끝낸 남편은 처음에 여가활동으로 즐겁게 할 수 있는 취미활동을 트럼본 연주로 택했다. 그런데 소음으로 인해 활동에 제한을 받게 되었고, 다음으로 택한 취미활동이 작곡활동이다. 남편은 시집과 오선지를 잔뜩 늘어놓고 소년같이 휘파람 소리에 맞춰 작곡한다. 그렇게 완성시킨 곡을 피아노 반주와 함께 노래를 부른다. 서당 개 3년이면 풍월 읊는다더니 음악에 둔했던 나도 남편이 작곡한 노래를 들으며 가끔씩 지적하곤 한다. 노래를 듣다가 어떤 한 부분을 찾아내어 '좀 다르게 표현해보면 안될까'라고 말하면 콕콕 잘 잡아낸다고 칭찬까지 해준다.

새벽녘에 일어나보면 남편이 자리에 없는 경우가 가끔씩 있다. 가끔씩 이렇게 없어진 남편을 찾아내는 것은 그리 어렵지도 않고 또 놀라운 일도 아니다. 남편은 거실의 넓은 식탁에 홀로 앉아 작은 불빛 아래에서 아름다운 시 한 편을 읽고 있다. 그러다가 동기부여가 되어 악상이 떠오르면 시도 때도 없이 음표를 오선지에 그리어 낸다. 그런 시간이 요즘 더 부쩍 늘고 있다. 특히 한 시인의 시를 받았을 때는 노래를 만들고픈 욕심이 많이 생겨나나 보다. 그의 시를 위한 노래집을 위해, 밤이나 낮이나 열의를 다해 작곡을 한다.

좋은 곡을 만들고 싶다는 남편의 열망으로 가곡 24곡이 모두 완성되었다. 그래서 작은 작품 외에 작품집을 못낸 그에게 좋은 기회가 된 듯해서 참 신이 났다. 남편이 작곡을 마치고 노래를 부르는 옆에서 나는 책을 읽고 또 글쓰기를 한다. 남편의 노래 소리 따라 내 손길도 춤추듯 신났고 또한 좋은 글이 써질 것 같다.

남편은 1979년도에 작곡집 '봄 봄 봄'을 발표한 이후, '여름은 강강강' '또 가을', 겨울은 '눈 눈 눈'이라고 제목만 지어놓고는 아직까지 출판한다는 계획만 세운 채 여러 가지 이유로 아직 작품집을 내지 못하고 있다. 그래도 시간 가는 줄 모르게 하루하루를 각자 일에 열중하며 산다. 젊었을 때 직장에서 일하던 것보다 더 즐겁게 남편이 일을 해 나가는 것은 마음에 여유로움이 있기 때문일 것이다.

모든 정열을 한 가지에만 쏟을 수 있다는 것은 그만큼 좋아하는 일이기 때문이다. 우리 부부는 5년 후 금혼식날에 내 수필집과 남편의 가곡집을 함께 펴내 초대된 친구들과 형제, 친지들 손에 들려 보내고픈 꿈을 갖고 있다. 그 일을 위해 우리 부부는 생의 마지막 선물이 될 좋은 작품을 그려 나가는 중이다.

이번에 작곡한 노래시집 중에서 특히 '편지'는 우리 부부의 마음을 감동시켰다. 우리 부부는 이 노래를 함께 부르며 눈물을 흘리기도 했다.

엄마 아빠 절 잘 길러 주셔서 감사합니다.
동생과도 싸우지 안코

엄마아빠 말씀 잘 듣고
열씨미 공부해 훌륭한 사람이 되어 효도 하게씁니다.
엄마아빠 사랑해요.

눈물 흘리며 받은
틀린 맞춤법에
비뚤비뚤 정성스럽게 쓴 아들편지
이젠 비뚤지도
맞춤법도 틀리지 않게 잘 쓸 수 있을 텐데,

기다려도 네 편지 오지 않고
사랑한다는 말도 하지 않는다.
아들 설마
네가 한말 잊었거나 맘 변한 건 아니니
네 편지 고이 간직하고 싶은데 -

초등생 아들의 편지인 이 글은 내 가슴을 아리게 하며, 가락 또한 감동을 가져다준다. 이처럼 음악은 사람의 마음을 울리거나 웃기고 또 기쁘면서도 슬프게까지 만든다. 그래서 사람의 감성을 조절하는 묘기가 곧 음악이라고 생각한다. 사랑에 울고 웃는다는 말보다 음악에 울고 웃는다는 게 나에게는 더 맞는 말 같다.

또 어떤 사람은 동냥을 위해 또는 승객들의 선심을 기대하며 전철 속에서 노래를 부른다. 전철 속에서 몸을 움직일 수 없을 정도로 가득한 군중들 사이를 맹인이 한 손엔 지팡이 또 한 손에 작은 소쿠리를 들고 찬송가를 부르며 지나간다. 어느 때엔 다리 저는 아저씨 또 팔이 불편한 불구자들이 노래를 부르며 지나간다.

내가 가방 속에서 지갑을 찾기도 전에 급히 지나갈 때도 있지만, 난 안타까운 마음을 남기기 싫어 잽싼 행동으로 천원의 지전이 없으면 동전이라도 찾아주려고 노력한다. 그 작은 돈이 그들에게 얼마나 큰 도움이 될까마는 그래야 내 맘이 편하다. 내 맘 편하자고 하는 내 본심이 좀 얄궂기는 하다.

어떤 사람들의 말을 들어보면 그들이 전철을 벗어나면 눈도 뜨고 다리도 절지 않고 팔도 멀쩡하며 괜찮다고 하면서 동정을 베푸는 행동에 반대한다. 그러나 그들이 앵벌이 노릇으로 그런 행동을 한다고 해도 난 그날그날 하루를 살아가기 위한 행동이니 그들을 동정해서 얼마라도 줘야 한다고 주장한다. 내 선에서 할 수 있는 것이 고작 그 정도 밖에 할 수 없지만, 난 누가 뭐라고 해도 꼭 내 생각대로 하고야 만다. 그 작은 동정이 그들의 하루를 편하게 살아나갈 수 있도록 한다면 언제든지 그렇게 하고 싶다. 원천적인 해결은 내가 할 수가 없으니 작은 동정이나마 내 나름대로 하고 싶은 것이다.

음악을 통해 추구 할 수 있는 인간의 진정한 아름다움은 미를 본질적 가치내용으로 하는 것 외에 사람의 생명까지 연장할 수 있는 무기도 될 수 있다고 한다. 난 참으로 음악은 이 세상에서 사람들과 공존해야 할 아주 중요하고도 아름다운 존재라고 생각한다. 그래서 남편이 아름다운 음악을 작곡하는 시간이 참말 소중하다고 생각하면서, 마음속으로 가만히 부탁해본다. '더 많은 아름다운 곡을 지어 주세요. 불후의 명곡을…' ♣

고향 가는 길

정말 기나긴 세월동안 내 이름처럼 고향도 잊고 살아왔다. 그런데 며칠 전 10월 22일, 그날은 결혼 기념 41주년이 되는 날이었다. 오랜만에 남편이 '조순엽 선생님!'이라고 써준 편지를 읽으면서 나는 다시 찾은 내 이름을 한참이나 들여다보았다. 그러다가 문득 그동안 잊고 지냈던 내 고향을 찾아가기로 했다.

내가 살던 옛집에는 마당 한가운데에 조성한 작은 정원이 있었다. 그곳 정원에 있는 향나무 밑에 피어난 하얀 치자꽃과 보랏빛 수국 꽃에서 풍겨오던 향기가 떠오른다. 그리고 붉은 벽돌담 밑에 있는 계단을 거쳐 장독대에 올라가서 떠들썩한 밖의 세상구경을 했었다. 동네 여자아이들은 고무줄놀이로 왁자지껄하고, 사내아이들은 작은 골목길을 운동장마냥 헤집고 달리면서 공차기에 여념이 없었다. 그래서 사내아이들이 공을 잘못 차서 우리집 울타리 너머로 날아와 유리창이나 깨지 않을까 걱정도 했었다.

또 새벽별 보면서 집을 나서서 저녁별을 보고 집에 들어서던 사범학교 학생시절도 기찻길 옆에 위치했던 옛집에서 보냈었다. 담벼락 밑 장독 옆에는 지하수를 끌어올려 만들었던 펌프에서는 여름에 찬물, 겨울엔 따뜻한 물이 펑펑 쏟아졌었다. 수도료나 구공탄값이 들지 않아도 찬물과 따뜻한 물이 쏟아져 나오던 그 펌프는 마중물 한 바가지만 대주면 훨씬 더 많은 물을 쏟아내는 매직펌프였다.

여름밤이면 하늘을 올려다보며 별 하나 별 둘 하고 세어보다가 별똥별이 떨어지면 신기한 듯 소리치던 그 때, 강원도 태생인 숙아 언니에게 A, B,C를 가르쳐주던 곳도 옛집의 마당이었다. 그 무렵 엄마 몰래 소설책을 읽다가 들켜 혼난 달빛이 스며드는 차가운 밤도 떠오르고, 학교에서 오르간 연습하다가 밤늦게 오는 것이 위험하다고 사 주신 오르간도 생각난다. 그리고 오르간 연주소리가 담 너머로 흘러나갈 때 노래 소리에 귀를 기울이고 숨을 죽이며 걷던 동네 학생들의 느린 발걸음소리까지도.

한때 5월의 신부가 되고 싶었던 소녀는 어긋난 꿈처럼

가을의 신부가 되었다. 수줍던 처녀에서 새댁으로 변하면서 젊은 날에 가졌던 용기는 사라지고 자꾸 움츠려들었다. 시집을 가지 않고 엄마랑 평생 함께 산다고 말했던 소녀는 한창 나이에 사랑과 갈등으로 갈팡질팡 하다가 시집을 갔다. 그리고 세월의 흐름에 따라 이제는 한 남자와 여보 당신의 사이가 되어 살아왔다.

결혼한 직후 전세로 얻은 집 문칸 빈 방 하나에 허락 없이 부엌 지어 세들인 일로 집 주인의 날 호령이 떨어져 전셋집에서 쫓겨나 내 집 없던 서러움도 잠시 잠깐, 곗돈 모아 처음으로 마련한 자그마한 내 집! 넓고 멋졌던 2층집이 호화로운 신혼살림 전셋집에 비길 것인가. 비록 침대와 피아노를 작은 방과 거실 사이 문지방에 걸쳐놓아 여닫이문을 닫을 수도 없을 정도였지만, 세 칸의 방과 마당까지 모두 합해 20평 안팎에 이르는 공간은 우리 부부의 공유재산 1호였다. 결혼 일 년만에 대문에 우리 이름의 문패를 달고 선달 추운 겨울에도 문을 열고 잠을 잤지만 춥지 않았다. 그만큼 좋아서였기도 했고, 또 젊어서였기도 했을 것이다.

결혼 이후 우리 부부의 사랑 사이에서 아이가 태어났고, 나는 그때부터 엄마라고 불리어졌다. 그리고 엄마에 이어 이제 나는 할머니가 되었다. 이렇게 나는 조순엽 선생님,

여보 당신, 엄마, 할머니라고 불리면서 혼돈의 여행을 41년간이나 해왔다. 그 사이 조순엽이라는 이름은 여보 당신, 엄마, 할머니라고 불려지는 많은 명사들에 가리어져서 잊어버린 채 살아왔다.

모처럼 가는 고향길, 기대와 호기심이 일어날 듯하련만 그저 마음은 차분해져 간다. 마흔한 해가 지나는 동안 한 번도 찾지 않았던 옛집. 내 머릿속에 그려진 지형도도 어렴풋하고 기억력마저 엉망이어서 옛집을 찾을 수가 있을까 하는 마음에 막막한 생각까지 든다.

막상 고향에 도착해보니 어릴 때는 환하게 뚫렸던 자그만 신작로가 이제는 아주 넓게 뚫렸다. 그런데도 자동차가 많이 다니도록 도로로 더 넓히기 위해 온통 들쑤시며 공사를 하고 있다. 그리고 길 양옆에는 굵고 가는 전선들이 뒤엉켜 있고, 가로수로 심었던 작은 묘목들도 이제는 훌쩍 자라 하늘을 뒤덮고 있다. 예전에 작고 좁았던 도로들은 이제 사방팔방으로 새로운 길이 생겨나서 지형도 변했고 드높은 건물까지 들어차 있어서 내가 살던 옛집을 찾기가 만만치가 않았다. 그제서야 내비게이션이라도 미리 준비 해 올 것을 하는 생각이 든다. 그나마 어렵게 물어물어 도착해서 살펴본 옛집 터에는 엉뚱한 건물이 들어서 있어서 내 추억 한

자락마저 사라진 것 같다.

힘든 고향 나들이를 하고 와서 남편의 편지를 다시 읽어 보니 오랜만에 고향을 되찾은 것 같다. 문득 거울에 비춰진 내 얼굴은 피곤한 모습을 띠고 있었지만, 그 얼굴에는 41년의 긴 세월에 여보 당신, 엄마, 할머니라는 글자 대신에 고향 가는 길처럼 크고 작은 길들을 나타낸 지도가 그려져 있었다. ♣

2
길에서 들여다 본 세상 이야기

땅끝마을에서

풍토학(風土學)에서 반도기질(半島氣質)하면 왕성한 진취적 모험심을 뜻한다. 역사적으로 해양을 지배했던 그리스, 로마, 스페인, 포르투갈, 모두 삼면이 바다로 둘러싸인 반도였다. 그 같은 지리적 특성 때문인지 삼국시대만 해도 우리 한국 사람에게는 진취적 반도기질이 왕성했다. 혜초를 비롯한 그 많은 구법승이 그 험한 히말라야의 준령을 넘나들었고, 장보고도 동남 지나 해역을 지배했다.

신라 진평왕 43년(621)에 설계두라는 젊은이는 골품이나 논하고 문벌만 따지면서 뛰어난 인재를 발굴하지 못하는 걸 보고 답답해하더니 밀항을 해서 떠난 당나라에서 당태종에게 중용되어 당장수가 되기도 했다. 이처럼 신라의 젊은이들은 항상 좁은 신라 땅에서만 사는 것이 불만이었고,

신라 산골짜기에서 생을 마친다는 것은 물속의 고기나 조롱 속의 새와 다를 게 뭐가 있겠냐고 생각한 것은 아닐까. 그래서 조그마한 나룻배를 타고라도 마냥 너른 창해를 좇아 무한히 떠나고 싶어했을 거라고 생각한다. 이렇게 신라 젊은 이들의 왕성했던 모험정신이 시든 이유는 중국에의 정치적, 사상적 사대주의, 깊은 산속이나 자기 내면으로만 파고드는 불교사상, 가족중심을 중시하는 유교사상이 복합적으로 작용하여 넓은 세상에 눈을 돌리지 못하게 한 때문은 아닐까?

신라의 완도에서 780년대 후반에 태어난 장보고는 이곳에서 어린 시절은 보냈고 젊은 시절 당나라로 건너가 서주의 부령군에 들어가 큰 공을 세워 30세에 군사 1천명을 지휘하는 소장이 되었다. 그리고 다시 신라로 돌아온 장보고는 828년 흥덕왕을 알현하고 청해진대사로 임명되었으며, 1만의 군사를 얻어 완도에 청해진을 설치하고 서남해안 일대에서 활동하던 해적들을 소탕하였다.

이렇게 장보고에 의해서 만들어진 청해진은 군사적 요충지이면서 한국 중국 일본을 잇는 대외 해상무역의 전진기지였다. 장보고는 청해진을 중심으로 중국과 일본을 연결하는 중계무역을 실시하였으며, 이슬람 세계와도 교역한 우리나라 최초의 해상 무역왕이 되었다. 이처럼 장보고는 신라 시대에 동아시아 해상세계를 석권한 무역왕이며, 오늘날 우리나라 무역의 기초를 만든 사람이었다.

신라 해안을 출몰해 재물을 약탈하고 백성들을 납치하여 당에 노예로 팔아넘기던 해적들을 소탕하고 바다를 평정하였던 장보고는 '바다를 지배하는 자가 세계를 제패한다'라는 신념으로 청해진을 중심으로 해상활동을 전개하였고, 아시아 최초의 민간 기업인이자 세계적 무역왕이 되었다.

우리 부부는 친구 부부와 함께 일 년에 한 번씩 여름휴가를 2박 3일동안 함께 하는데, 올해는 자랑스러운 거인 장보고가 태어난 고장 땅끝마을에 가서 장보고가 지녔던 그 마음을 헤아려 보고 싶었다. 이렇게 항상 여행을 함께 하는 친구는 6.25와 1.4후퇴로 피난 갔다가 서울탈환으로 서울로 돌아왔지만 한강 도강이 어려워 영등포에 머물게 된 과정에서 알게 된 단짝 친구이다. 5학년 때, 초등학교 때, 전입학 후 사범병설중학사범학교, 대학 그리고 교직생활까지 61년을 그 친구와 함께 하며 집도 이웃에서 살았으니 이건 친구가 아니고 형제자매보다 더 함께 한 시간이 많은 죽마고우(竹馬故友)이다. 이젠 친구의 남편까지 한 4명의 '우리'는 정말 소중하고 끈끈한 한 덩어리로 주말마다 저녁식사를 같이 해온 지도 30년이 넘는다.

그래서 올해 여름휴가는 장보고의 행적을 찾아서 남으로 남으로 땅끝마을 해남을 향해 길을 떠나기로 했다. 서울을 떠나 서해안 간선고속도로로 들어서니 3년 전의 여행길을 생각하면서 쉬엄쉬엄 달려가며 목적지인 땅끝마을에 도착을 했다. 그곳에서 해남의 특미로 점심을 마친 후 완도대교를 지나 장보고 동상과 완도 청해진유적이 있는 기념관에 도착하였다. 우람한 장보고 동상이 우뚝 선 모습부터 진취적인 기상을 느낄 수 있었으며 바다를 무대로 활략한 오른손의 칼은 무인을, 왼손의 교역물품 도록(都錄)은 상인을 상징한 것으로 보였다. 그 모습은 군인이자 상인이었던 대사의 이미지를 영상화한 것임에 틀림없었다.

우리 일행은 땅끝마을 해남에서 제일 높은 산에 올라가서 서해와 남해의 망망대해를 내려다보았다. 곳곳이 아름다운 바다와 숲이 우거진 산이 함께 어우러져 있다. 또한 작고 큰 섬들이 3189개나 되어 다도해라 불릴 정도로 우리나라 남해안은 아름다움을 자랑한다. 제일 큰 섬인 제주도와 거제도, 진도 등이 바라다보이는 남쪽 끝에서 멀리 아주 멀리 우리나라 땅 바다 끝의 모든 것들에게 고함을 쳐보았다.

"애들아 우리가 왔다!"

“우리 선조님들의 무한한 꿈을 키워줬던 바다여, 고맙다!”

처음으로 와서 느껴보는 우리나라의 남쪽 땅끝 마을의 풍경. 지금은 여러 가지 형태로 변화됐지만, 서기 828년 당시의 이곳을 상상해 보았다. 파도가 넘실거리는 끝없는 바다와 산, 밭 그리고 돌무더기 같은 밭에서 어떤 곡물을 생산하였을까. 우리 후손들이 더 많이 공부하여 그분들이 남긴 업적을 계승해야 할 것이다.

발명왕 에디슨은 지혜로운 어머니로 인하여 독서습관을 갖게 돼 디트로이드 도서관의 책들을 통채로 읽고나서 지금의 벤처기업의 선구자로 성공하게 되었다고 한다. ‘엉클톰스캐빈’을 읽고 영감을 얻어 노예해방을 시도했던 링컨,‘로마제국 흥망사’를 읽고 통찰력을 길렀다는 처칠, 독서하기에 다른 일할 시간이 없다고 한 나폴레옹 또한 독서광이었다고 한다. 이렇게 세계적인 정치가 과학자 등은 모두들 책속에서 지혜를 찾아냈다고 한다. 천재란 99%가 노력이고 1%가 영감이라 한다.

우리 조상들이 만들어놓은 업적을 후손들이 책을 통해 배우고 제대로 익힌다면 더 넓은 세계로 뻗어나갈 수 있을 것이다. 현대사회는 새로운 발견에 목숨을 걸고 있는 세상이다. 아이디어가 독서에서 나온다. 이틀 동안 보았던 바다를 생각해본다. 조상의 얼이 서려있는 끝없이 바라보이는 망망대해를 앞으로 어떻게 더 개척해 나갈 것인가. 나름대로 혼자 생각해보며 우리 후세들이 선조들의 업적을 더 크게 이어받기를 빌어보았다. ♣

여자들은 어디에 있나요

어우늘 RESTAURANT.

'어우늘' 하고 발음을 해보니 발음과 억양이 아름다워 참 멋있게 들리고, 그 이름을 자꾸 부르고 싶었다. 무슨 의미를 지닌 레스토랑일까? 주 메뉴는 무엇일까? 이처럼 궁금증을 자아내는 이름을 지닌 레스토랑 어우늘을 첫 방문지로 정한 우리 일행의 탐라도 여행은 어우늘 앞까지 네비게이션의 도움으로 편하게 안내 받았다. 잘 꾸며진 정원을 통해 안으로 들어가니 고풍스러운 구라파식으로 우아하게 실내가 꾸며져 있다.

우리가 안내된 방은 운치까지 있어서 우리의 눈과 마음을 기쁘게 한다. 유리문을 통하여 내다보이는 후원의 감나무에는 까치밥으로 남겨놓은 듯한 감들이 주렁주렁 매달려 있어 주인의 넉넉한 인심을 느끼게 한다. 또한 대나무 발 사이로 크고 작은 독들이 있는 장독대 옆에 늘어진 노송이 눈발사이로 눈을 피하며 조심스레 우리들이 앉은 방안을 기웃거린다. '어디서 온 사람들일까?' 하는 눈치이다. 내다 보이는 곳이 모두가 고향 같은 풍경이어서 우리 일행들은 옛 시골에 두고 온 고향들을 생각했다. 창밖으로 고개를 약간 뒤로 젖혀야만 볼 수 있는 산허리에는 세차게 내린 진눈깨비가 쌓여있어서 맛깔난 음식을 한층 더 맛나게 한다.

용모가 단정한 여인이 들어와서 우리 일행을 안내하면서 재치 있고 친절하게 접대한다. 특별하게 차려진 주문된 음식을 먹고, 디저트로 아메리카노 향이 풍기는 커피까지 마셨다. 서울은 영하라고 하지만 이곳은 겨우내 영하가 거의 없는 기후여서 포근하다. 하지만 음산하고 좀 으스스한 흐린 날씨여서인지 따뜻하게 덥혀진 온돌방에서 음식을 먹고 나니 나른해진다.

"편안하게 드셨나요?"

하면서 문을 조용히 열고 들어오는 도우미에게 내가 물었다.

"어우늘은 무슨 말이죠? 지명인가요?"

"네. 이곳은 저기 보이는 산 때문에 '늘 구름이 언덕에 걸려 있듯이'란 뜻입니다."

"네?"

"언덕의 '어', 또 구름 운의 '우', 그리고 항상 늘의 뜻인 '늘', 이렇게 모두 합해서 '어우늘'이랍니다."

대한민국을 사방팔방 돌아다녀도 이렇게 말이 전혀 구분 안 되는 곳은 이곳 제주도뿐인 듯하다. 그러나 세음절의 '어우늘'은 왜 그런지 친근감이 든다.

다음날 제주대 국제 문화교류센터의 게스트 하우스를 예약해 주신 의대 박 교수님의 안내로 하룻밤을 그곳에서 지내고, 아침 일찍 한라산 중턱에 있는 '성판악'이란 곳을 찾았다. 벌써 등산객으로 가득 길을 메우고 발 디딜 자리도, 차 세울 틈마저 없다. 한 번도 못해본 한라산 산행이라 아쉬웠지만 사람이 너무 많아서 포기하고 곧장 서귀포시에 있는 한국이 낳은 가난한 천재 화가 '이중섭 미술관'으로 향했다.

'이중섭'이란 화가도 가난했지만 그림을 버리고는 살 수 없을 만큼 끼가 있었기에 처자식까지 버리고, 바다가 내려다보이는 서귀포에 정착하였을 것이다. 가난 때문에 일본인 부인과 아들을 일본으로 보내고도 화가로써 작품생활은 계속했단다. 결국 영양실조로 1956년에 삶을 마감한 그를 가끔씩 떠올리게 하는 것은 그림 속 색체감과 경쾌함이다. 그의 작품 중 가족 그림에서 색체감이 가장 화려하고 명쾌해 보이고, 또 즐겨 그린 소와 물고기 등의 그림에서도 힘이 있고 경쾌함이 엿보인다.

그의 생애가 궁금하던 차에 시원한 푸른 바다를 내려다볼 수 있는 이곳 제주도 최남단의 서귀포에서 그의 흔적을 찾을 수 있었다. 유명한 예술가들은 왜 하나같이 모두 가난했고, 또 영양실조로 인한 폐병 등을 앓다 죽곤 하는지 무척이나 안타까운 생각이 든다. 그래도 일본이 보이는 그곳에서는 이중섭의 마음 속에 그의 가족이 있었기에 그림 속에서도 희망이 가득했지 않았나 싶다.

이중섭의 생애를 생각하다보니 언니 딸이 생각난다. 내가 사랑하는 언니 딸도 파리 유학을 마치고 스위스에서 창작활동을 하면서 줄리엘 아트전에 참가할 정도로 작가로서 수준을 인정받고 있다. 소녀시절에는 '난 가난한 예술가는 싫다'고 말하곤 했던 언니 딸이었는데, 지금은 미국과 홍콩 등에서 열심히 활동하면서 경제적으로 넉넉하지 않은 화가로 살고 있는걸 보면 타고난 기질에서 장래가 결정이 되는 것 같기도 하다.

시간이 꽤 지난 것 같아 부지런히 다음 코스인 추사 김정

희 유배지를 찾았다. 추사는 유배지에서도 무단한 노력으로 자신만의 서체로 개발하여 빛나는 업적을 남겼다. 또한 그 유명한 '세한도'도 이곳에서 그리셨다고 안내자가 말한다. 추사의 유배지를 나와 올레길을 걷기로 했다. 타원형 제주도의 해안선을 따라 줄이 긴 고구마 같은 수많은 올레길 중에서 우리는 제7번 코스를 선택하여 걸었다.

외돌개를 시발점으로 하는 7번 올레길은 제주도에서 가장 아름다운 길이라고 한다. '외돌개'는 바다 안쪽에 길게 생긴 시커먼 바위를 말하는 것인데, 물속에서 우뚝 솟아오른 듯 외롭게 서 있어서 그렇게 부른단다. 그곳을 배경으로 친구와 함께 사진을 찍었다.

친구는 씩씩하게 맨 앞에서, 그리고 남편과 친구 남편은 뒤에서 우리를 보호하듯 따라 걷는다. 피로를 풀기 위해 초코렛을 하나씩 입에 물고 열심히 걷는다. 어제 비행기에서 내려다 봤던 바다는 흰 거품을 일렁거리며 금방이라도 제주도섬 전체를 삼켜버릴 듯했던 거센 모습은 간데 없고 다만 바닷가 언덕의 작은 꽃들만이 수많은 관광객들을 맞으며 제자리를 지키고 있다.

제주의 푸른 바다가 햇빛을 받아 출렁일 때마다 여러 가지 색으로 쪼개진다. 흰색, 초록, 연두, 파랑, 비취색 등 수 십 가지색으로 갈라진다. 저만치 먼저 앞장선 친구를 쫓아 헐레벌떡 따라가다가 앞장서 가고 있는 남편들의 뒷모습을 보면서 아직도 건장한 두 분과 함께 걸을 수 있음에 감사를 드린다. 그리고 이렇게 기도한다. '앞으로 10년 후에도 지금만 같아달라고'. 꼬장꼬장한 두 분들의 뒷모습이 너무나 아름답다. 어제는 생애 처음 먹어본 삼치회 정식으로 입을 호사시켜 주었는데, 오늘은 제주도 두 분 교수님의 추천을 받아 모슬포에 들려 갓 잡아온 싱싱한 방어회와 매운탕으로 점심을 마쳤다.

점심을 먹은 후 호텔 주위를 한 바퀴 산책하고, 성산 일출봉으로 가기로 했다. 성산 '일출봉'은 제주도 동쪽끝자락이다. 이곳이 제주도 해녀들이 가장 많이 있었던 곳으로, 어촌 체험장도 있다. '문주란'이 피는 토끼섬에 꽃이 필 때에는 그 모습이 장관이라는데, 지금은 다 지고 없어서 체험장에 대한 설명을 들은 후 작은 카페에서 차 한 잔을 마시기로 했다.

카페이름이 '질모살'이어서, 뜻을 물어보니 '긴 모래사장'이라는 뜻으로 붙여진 이름이란다. 주인은 따끈한 군고구마를 공짜로 주면서, 2000원만 내면 자기 입맛과 취향에 따라 몇 잔이라도 마실 수 있다고 했다.

의자에 앉아 눈앞의 훤하게 보이는 바다풍경을 보니 저절로 큰 환호성이 나온다. 남편은 멀리 일출봉을 바라보며 흥이 절로 나는 듯 그곳을 향해 남편 친구와 함께 '일출봉에 해 뜨거든 날 불러주오, 월출봉에 달-뜨-면 …' 하고 노래를 테너로 구성지게 뽑아낸다.

그런 후 그곳 방명록에 한마디씩 글을 남기고 성산 일출봉으로 향했다. 그곳은 어찌 바람이 센지 걸을 수가 없고 모자랑 옷을 잡아 붙들어 매었는데도 웃옷과 모자가 벗겨지려 한다. 그러자 '마누라 날아가서 홀아비 될까봐 그냥 내려가자'면서 바삐 다음 코스로 발걸음을 옮기자고 한다. 그런데 '바람'도 세고, 돌집들도 많고 곳곳에 탑을 쌓은 '돌'도 많은데, 그럼 '삼다도'에서 다른 하나인 '여자'들은 어디에 많이 있단 말인가?

제주도의 유명한 '섭지코치' 산중턱에는 세상을 벌컥 뒤집던 영화 '올인' 촬영장과 가장 오래된 등대 등이 있는데, 가는 곳마다 중국 관광객들의 인파로 넘쳐나고 있었다. 그래서 우리 일행은 일찍 그곳 여정을 끝내고, 제주도 하면 손꼽히는 '은 갈치'와 '고등어' 요리로 허기진 배를 충족시키기로 했다.

식사를 마치고나서 비자 숲을 거닐었다. 천연 기념물 제

374호로 지정되어 있는 이곳은 800년 이상 된 비자나무 2800그루마다 일련번호를 매겨 보호하고 있었다. 녹음이 짙은 울창한 비자나무 숲속에서 하는 산림욕은 혈관을 유연하게 하고 정신적 신체적 피로회복과 인체의 리듬을 되찾는 자연건강 휴양효과가 있다고 한다. 또한 이곳은 '유네스코 3관왕' '세계 7대 자연경관' 등으로 지정될 만큼 풍광도 아름답다. 걷는 길은 화산이 터질 때 나온 돌멩이로 길을 만들어 놓아서 원적외선의 치료까지 된다고 한다. 이 돌멩이 길을 걸을 때 발 딛는 촉감이 마치 발 숨쉬기 하는 것만큼 푹신하고 기분이 상쾌하다.

떠나는 날 오전, 마지막으로 우리 일행은 먼저 제주의대 주임교수 방을 방문한 후 함께 의대 전관을 한 바퀴 돌아보았다. 그리고 탐라국 시조신화의 발상지인 삼성혈(三姓穴) 관내 전시관과 민속문화를 한 눈에 볼 수 있다는 민속역사 박물관을 탐방하였다. 박물관 탐방으로 끝난 이번 제주도 여행은 그동안의 강행군에 너무 지친 탓인지, 우리 일행 모두 편안하게 쉬고 싶은 생각에 마음은 벌써 저만치 앞서 집으로 달리고 있었다. ♣

딸 같은 며느리, 아들 같은 사위. 이 말은 며느리도 딸같이 품고, 사위도 내 아들같이 사랑하라는 말이다. 아들이 없는 사람들은 사위를 아들같이 생각하고 싶고, 또 딸 없는 시어머니는 며느리를 딸같이 생각하고 싶어한다. 하지만 며느리가 딸이 될 수 없듯, 사위도 아들이 될 수 없을 것이다. 비단 아들 딸 다 있다 해도 남의 자녀를 한 가족으로 맞이하여 사랑으로 대하는 것은 가능하겠지만 아들만 키워 본 사람은 딸을 모르니 며느리를 딸처럼 대하기가 쉽지 않을 것이고, 또 딸만 키운 사람은 역시 아들을 못 키워 보았으니 사위를 아들 대하듯 하기란 어려울 것이다.

사위가 처가 댁 말뚝보고 큰절한다던 말이 있긴 하다. 또 아들 월급은 모르지만 사위 봉급은 안다는 말도 있다.

미국에 이민간 아들이 처갓집 개까지 정중히 초대한 후 제일 꽁지로 부모님 부른다는 말이 나올 정도로 이젠 딸 둘은 100점, 딸 하나 아들 하나면 50점이라고 한다. 이런 유치한 말들이 난무하는데 역시 아들은 아들이고, 사위는 사위며 딸과 며느리는 역시 딸과 며느리인 것이다. 조심스러워서 다가갈 수 없는 사위에게 모처럼의 기회에 한마디라도 건네보려고 노력하지만 그 거리는 늘 같은 것 같다.

그럼 시어머니는 장모같은, 아니 그와 비슷한 고충은 없지 않을까? 시어머니가 며느리를 대하는 태도와 장모가 사위를 대하는 정도의 차이는 어떨까? 물론 나는 없는 아들이니 아들한테 어찌 대할지는 모르지만, 귀하고 든든한 아들 같아서 기쁜 맘으로 과일도 더 예쁘게 깎아진 것을 골라 담는 것으로 보면 남편보다 한층 위로 사위한테 대접하려는 맘은 변함이 없다. 그런데 이것 역시 서로 격이 벌어져 있다는 증거가 아닌지 모르겠다.

딸만 셋 둔 어느 후배가 사위와 나눴다는 대화가 생각난다. 첫딸의 첫 아이 머리가 유난히 툭 튀어나온 머리통이 사위 닮은 것이 아닐까 하며 확인하려고 머리카락 속에 숨은 사위 머리통을 만져 보았다고 했다.

"장모님, 왜 그러셔요?"

깜짝 놀란 맏사위에게 장모는 천연스럽게 말했단다.

“애기가 자네 머리를 닮았나 만져 보려구.”

그 다음에 셋째 사위 머리통을 본 장모가 또 한 마디 했단다.

“자네 뒤통수는 참 예쁘네.”

“앞모습이 못 생겼다는 말씀이죠, 장모님?”

다시 묻는 사위에게 장모가 한 마디 했단다.

“잘 맞췄네, 소크라데스도 네 자신을 알라 했으니.”

이렇듯 장모와 사위 사이에 격이 없는 대화를 나눈다는 말을 듣고 나는 많이 놀랐다.

그 뒤 나도 미국에 사는 둘째 딸네집에 가 있을 때 사위에게 한 마디 했다.

“자네 머리통은 꼭 복어 같네.”

그러던 어느 날이었다.

“딩동댕, 딩동댕”

요란스런 벨소리에 누구냐고 물었더니

“복어 배달 왔습니다.”

하는 말을 들어보니 둘째사위이다. 가끔 안부전화로 뭐하냐고 물으면,

“어른복어와 새끼복어랑 같이 놀고 있어요.”

라는 재치까지 보여준다.

세상에서는 경험이나 지식이 없는 사람을 바보라고 한다. 그러나 가끔은 바보가 되고 싶을 때가 있다. 사람이 진정으로 새로운 뭔가에 도전할 때 큰 장벽이 되는 것 역시 그 경험과 지식이다. 옛말에 '사돈과 뒷간은 멀수록 좋다'라고 한말도 이런 세상 살아가는 풍속, 체면, 형식 따위에 구애받지 않고 싶은 말에서 나온 것이 아니겠는가. 서로의 감추고 싶은 것까지 보여주게 될까 염려가 되어서일 것이다. 그런데 어떻게 딸 같은 며느리, 아들 같은 사위가 될 수 있냐는 거다.

그러나 서로 가까워 질 수 있는 길은 방법이나 공식이 있는 게 아니다. 자라난 과정이 다르고 피가 안 섞인 다른 두 가정의 환경이 합쳐졌으니 서로 받아드리기 힘들고 어려운 사이가 되는 것이 당연하고 때로는 견제하기 마련이다. 그래도 노력하다보면 모든 게 자연스럽게 이루어지게 될 것이다.

가끔 내 자신은 열려 있지 않은 지구 저쪽 외계인이 아닌가라는 생각이 든다. 어렵게 느끼고, 거리감을 갖는 것 역시 나라와 시대가 다름이 아닌 개인의 성격 나름인 듯하다. 나 자신을 되돌아보며 정말 사위가 좋아할 장모로 또 며느리가 좋아할 시어머니로 세상이 바뀌어 나간다면 더 좋은 가족관계가 되지 않을까. 그래서 이웃하며 사는 사돈이 될 수 있지 않을까 하는 생각을 해본다. ♣

내가 본 샌프란시스코

요즈음은 집집마다 유학생이 하나둘 없는 집이 거의 없지만, 내가 대학을 다니던 시절인 60년대 초만 해도 눈 씻고 찾아보아도 찾기 힘들 정도로 보기 힘들었다. 그 무렵 내가 사는 동네를 통 털어보아도 유학 가는 학생이 한 명도 없었다. 아니 유학이라는 단어조차도 들어 보지 못하던 때였다. 어른들께서 입에 풀칠하기조차 힘든 시기라고 말씀하시던 시절이니, 어떻게 외국 유학을 보낼 생각을 했겠는가?

건축학을 전공한 언니는 공간연구소라는 건축설계사무소에 다니며 미국 유학의 꿈을 안고 매일 고민하면서도 홀어머니와 교직에 있는 몸 약한 동생 때문에 맏딸로서 용납이 안되어 포기했다는 말을 요즘에서야 들었다. 언니가 못 이룬 꿈을 이루기 위해서였는지 언니의 두 딸은 대학을 졸업하자마자 큰딸은 프랑스로, 작은딸은 미국으로 각각 떠났다. 그 모습을 보니, 꿈을 꾸면 3대안에서 다 이루어진다는 이야기가 있다더니 바로 실현되는 듯 했다. 물론 나는 그런 꿈도 없었고, 더구나 외국으로 공부하러 가는 것은 생각조차 없었기에 우리 아이들한테는 일어날 수 없을 거라고 확신하였다.

어릴 때부터 우리 딸들은 가족끼리 여행가는 것 외에는 개인행동도 하지 않았다. 큰딸은 중고등학교 시절에 임원수련회조차 가지 않으려고 해서 애를 먹기도 하였다. 그래서 대학 MT와 졸업여행도 가기 싫어하는 큰딸을 보며 '멀리 외국으로 나가지는 않겠구나'라는 생각에 안심하기도 했다.

그러나 초등학교 시절부터 스카웃 활동을 적극적으로 하던 작은 딸은 큰 아이와 너무 달랐다. 차츰 부모들 곁을 떠나 외국으로 간다며 시동을 걸기 시작했다. 더구나 미국으로 이민을 간 동생이 다른 동료 및 친척들은 유학을 오는데 왜 내 조카들은 안 보내고 또 누나들도 미국에 왜 안 오느냐고 채근하기 시작했다.

작은 아이는 치밀하게 유학계획은 짰고, 토플시험도 여러 차례 봐서 좋은 성적을 받아놓았다. 결국 미국 동생이 보낸 입학허가서까지 도착해서야 보내긴 싫어도 작은 딸이 하고자 하는 전공을 찾아 보내기로 결정을 내렸다.

두 딸과 나는 입학 한 달 전에야 미국으로 향했다. 기숙사 안내도 받고나서 작은 딸이 입학식을 한 후 큰딸과 나는 돌아왔다. 그 뒤 작은 딸은 그곳에서 졸업 후 취직하고 영주권 신청과 함께 결혼까지 하였다. 그리고 시민권이 나오자 우리 부부에게 영주권 신청을 하라면서 서류를 보냈다. 그러나 우리 부부는 그곳에 살 생각이 없어서 거절했었다. 세계가 하나이고 이웃사촌이라 하지만 아직도 나에게는 낯설기만 한 나라가 미국이었다. 아무리 작은딸이 살고 있는 나라라지만 난 말과 글이 통하지 않아서인지 익숙하지 못했다.

그런데 2011년 8월에 하나밖에 없는 손녀가 중학교 2학년이 되더니 영어를 하고 온다면서 갑작스럽게 한국을 떠나게 되었다. 아직 어린 딸이어서 에미인 큰딸도 결국 손녀와 함께 미국에 가게 되었다. 어릴 때부터 큰딸은 내 곁에 늘 있기를 원했고, 나도 그러리라 믿었는데 큰딸도 미국으로 떠난 것이다.

결국 우리 부부는 세계 일주도 한 두 번 할 수 있을 만큼의 달러를 소비해 가며 매년 미국서부에 있는 도시 샌프란시스코를 자주 드나들게 되었다. 그런데 작은 딸을 유학 보낸 91년 이후 21년이 된 지금까지도 우리 부부는 같은 곳만 드나들고 있다. 동부는 물론 미국의 다른 지역도 우리 부부에게는 보이지 않는다. 오로지 샌프란시스코와 그 주위만 머물다가 돌아오곤 한다. 그래서 샌프란시스코의 유명한 곳은 눈감고도 찾을 수 있을 만큼 해박한 지식을 갖고 있다.

끝없이 너른 벌판에 작은 키의 포도농장이 있는 포도주고장 '나파'. 관광객들에게 한줌도 못 가져가게 하는 은모래가 펼쳐진 바다를 바라보고 있는 '세븐틴 마일즈'. 골프광이라면 누구나 한번 가서 한번 쳐보고 싶은 '페이블 비치'! 세계적인 영화배우 크린트우스가 시장을 지냈다는 작고 아름다운 도시 '카멜'. 특히 카멜은 얼마나 아름답던지 유럽을 다녀오기 전까지만 해도 여기서 살아봐야겠다고 작심했던 곳이기도 하다.

바다를 끼고 해안에 웅장하게 지어진 '몬츄리올 해양박물관'! 관광수익을 가장 많이 올린다는 중국 노동자들로 완성한 골든게일 브리지. 또 음악당 식물원 작은 동물원까지 포함한 너무 멋지고 넓은 골든 게일 파크. 그들을 통로로 하여 아름다운 금문교를 건너 산 밑 바다와 접한 마을 소마는 배로 만들어진 멋진 카페가 줄지어 운치를 더하며 옆

도시 '티뷰론'도 살고 싶은 도시 중 하나이다.

원래 샌프란시스코는 캘리포니아 사막을 개발한 도시로써 모두 언덕과 비탈뿐이다. 겨울에 눈이라도 온다면 교통마비가 될 것을 알았는지 이곳의 사철 중 눈은 물론 비도 많이 내리지 않고 항상 봄, 가을 같은 날씨여서 하나님이 주신 축복인 듯 살기 좋고 아름답다. 특히 전망이 좋은 '투인픽'이라는 곳은 아래를 내려다보면 우울한 사람도 기분이 풀릴 만큼 사방이 툭 트여 가 볼만한 명소다. 깊은 산속에서 길을 잃은 남녀를 메아리로 기억나게 했다던 국립공원 '요새미테 공원'의 웅장함! 극형의 죄수들을 탈옥 못하게 하기 위하여 파도가 심하고 수심도 깊은 곳에 지었다는 형무소 '알카트라츠'는 지금 많은 영화 속 촬영명소이다.

금문교보다 내가 좋아 하는 다리는 2층으로 상하행선을 다르게 한 '베이 브릿지'이다. 엄청 긴 다리로 굽이굽이 곡선의 미를 살려 조명을 받는 이 다리를 야간에 보지 못한 사람은 샌프란시스코를 다 봤다고 할 수 없을 만큼 멋진 다리이다. 또 200년 역사의 웅장한 성당과 교회가 있고, 일반 건물과 가옥들도 100년 이상이 된 건물들로 이루어져 있다. 딸네가 살고 있는 집도 빅토리아식 건물로 108년이 넘었지만 맘대로 개조도, 헐지도 못하게 시에서 관리하는 목조 건물이다. 그런데도 몇 년에 한 번씩 칠 만하면 바로 새 집이 된다니 얼마나 잘 지어진 건물인가.

작은 딸은 J일보 북가주 사진기자 일을 그만두고 샌프란시스코 영사관 앞에서 스튜디오를 운영한 적이 있다. 그때 몇 년 동안 혼자 바삐 일하는 것을 도와주고파 나는 선전용 명함을 들고 그 일대를 걸어다니면서 집집마다 선전물을 넣었다. 그 일을 하는 동안 그렇게 여러 번 다녔어도 모르던 길을 확실히 알게 되었다.

서울로 돌아가기 전날 우리부부는 '피어 39' 바닷가를 가기 위해 집을 나섰다. 뮤니 전차를 타고 마켓길을 따라 다운타운으로 향하는 차에서 창을 통해 밖을 내다볼 수가 있었다. 샌프란시스코의 겨울 날씨는 흐리거나 비가 오는 편이 많았으나 그날따라 아주 맑고 쾌청하였다. 나는 빽빽한 빌딩숲을 바라보다가 소리 지르도록 아름다운 모습에 매혹되고 말았다. 19C 말부터 세워진 계획도시 샌프란시스코는 건물마다 모양과 색깔이 다르고 총체적으로 균형을 맞춘 모습이었다.

빌딩숲! 말 그대로였다. 색깔이며 모양, 높이와 직선미, 둥근미, 타원미가 가지각색의 아름다움을 자랑하고 있었다. 제각기 자기 얼굴을 자랑하듯 기웃거리며 모두 앞에 나타나게 지어진 건물들! 똑같은 것이 하나도 없이 모든 빌딩이 어떻게 저렇게 아름다울까? 빌딩 사이사이 모든 건물들의 앞 뒤 옆 구석구석 겹치지 않게 지어져 조형미를 나타낸 한 폭의 그림 같은 빌딩숲이었다. 그래서 세계의 미항 중 손꼽히는 곳의 하나라고 하는구나 하는 생각이 들었다.

21년 동안 수없이 다닌 이곳이면서도 이렇게 아름다움을 느끼긴 이번이 처음이었다. 건축가 언니가 미국으로 유학 오고팠던 이유를 이제야 알 것만 같다. 국가기관의 도시계획과 모든 설계허가는 100년 200년 앞을 보고 계획을 세워야 이토록 아름다운 빌딩 숲이 이루어지게 되는구나 하는 생각이 저절로 들었다. 하여튼 명소가 많아 다 기록하긴 힘들지만, 이렇게 좋고 예쁜 도시라 해도 난 아직도 내 땅 내 나라가 더 좋다. ♣

손실까 복실까

"내 눈 어디 갔지? 내 눈, 누가 치웠니?"

하면서 큰 소리로 화를 내시던 이웃집 사장님. 난리치는 광경을 물끄러미 바라보고 있던 내가 '아저씨 눈은 거기 달려 있잖아요' 하면 당황하면서 그제서야 흥분을 가라앉히고, '내가 안경을 잘못 말했구나!' 하시던 그 사장님.

자주 말실수를 하시던 그 사장님은 실수할 때도 늘 자기의 실수를 가족에게 돌리곤 하였다. 그 집 아주머니가 가끔 우리 집에 와서 '네가 귀엽게 말을 해서 그냥 조용히 넘어갔다'면서 '아저씨가 화내실 때마다 네가 있으면 좋겠다'고 하던 그 집에는 장성한 아들만 4형제가 있었다.

상냥한 딸이 있기를 바라던 그 사장님 댁은 그 후에도 성미 급한 사장님의 끊임없는 말실수 때문에 가족들이 괴로움을 당해야만 했다. 만약 그 사장님이 화를 안내고 유머스럽게 말을 했더라면 온 가족이 재미있게 지내며 웃을 수도 있었을 것이다.

그런데 요즈음 가끔 나도 그런 말실수를 하곤 한다. 연로하신 백발의 장로님과 권사님들로 구성된 '은빛 찬양대'를 '하얀 찬양대'라고 말하였다가 말실수임을 깨달았다. 그래서 다시 한번 더 웃으며 한 말이 '노인 찬양대'였다. 어릴적 이웃집 사장님도 그러고보면 지금 나와 비슷한 나이였구나 하는 생각이 든다.

언제부터인가 중년이 한창 넘은 여인들끼리도 집단으로 카카오톡을 한다. 그 때 나눈 내용들을 분류해보면 크게 세 가지로 나누어진다. 한 종류는 억지 감동인 듯해서 많이 민망해지는 이야기이고, 두번째 종류는 공감이 되지만 인정하고 싶지 않은 우울한 회상이고, 세 번째 종류는 어설픈 유머이다. 그 중에서 오래 기억에 남고 읽으면서 웃었던 것 중에 '가발'이라는 다음과 같은 글이 있었다.

못생긴 얼굴은 화장이나 성형으로 고칠 수 있지만 머리털이 없는 사람은 정말 꼴불견이라면서 머리 종류를 구분하였다. 머리 종류에 따라 전체가 홀랑 까진 것은 '몽땅 대머리'이고, 가운데 부분만 없는 것은 '속 알머리 없는 사나이'이며, 앞 또는 뒷부분만 없는 것은 '주변머리 없는 사나이'라는 것이다.

대머리에 얽힌 다음과 같은 이야기도 있다. 오토바이 사고가 난 한 청년이 오랜 수술 끝에 정신이 들어 깨고 보니 이 자리에 꼭 와 있어야 할 애인이 나타나지 않는 것이다. 알고 보니 가발머리의 실체를 안 후에 그녀는 놀라 도망갔다는 것이다.

아주 가까운 내 지인 중에도 대머리와 틀니를 속이고 중매로 결혼식을 했던 검사가 딸 하나를 낳고 방심하다가 아내에게 그 사실이 발각되어 이혼을 한 일도 있었다. 마치 '나무꾼과 선녀'의 전래동화가 현실로 나타난 것이다.

힌두교에서는 신과 영매하는 높은 사제는 대머리여야만 한다고 한다. 이는 대머리가 그렇지 않은 사람들보다 최면술에 잘 걸리는 것과 무관하지 않은 것 같다. 또 러시아에서는 대머리하면 귀족이나 고관을 뜻한다고 한다. 그래서 대머리 배우 '율 브린너'는 자신의 혈통이 러시아 귀족이라는 말을 자주 했었다고 하는데, 사람들이 증거를 대라면 손가락으로 자기 대머리를 가리켰다고 한다.

중국 당나라 시절에 살았던 '이의산'이란 사람이 지은 잡찬(雜簒)에 보면 인생 꼴불견으로 '깡마른 사나이가 씨름

하는 것', '가난한 서생이 기생 부르는 것', '소문난 의원이 앓아눕는 것'과 함께 '머리 벗겨진 대머리가 걸식하고 다니는 것'이 있다.

그럼 그들의 머리카락이 없는 문제는 누구의 탓일까? 대머리는 우생학적으로 보면 우성 현상이라는 설과 열성 현상이라는 설이 있다고 한다. 인류가 동물로부터 진화했다고 주장하는 학자들은 인류가 진화한 가장 외적인 증거는 털이 적어졌다는 것인데, 그런 시각에서 보면 열성이라는 것이다. 또 여자에게는 대머리가 없고 남자에게만 대머리가 있다는 사실은 여성이 남성보다 우생학적으로 열성이라는 것이다.

우성이건 열성이건 대머리를 없애려는 노력은 동서고금 다를 바가 없는데, 아직도 대머리를 지닌 사람들은 그들만이 지구에서 마지막 남은 한 가지 해결이 안된 고민처럼 주장하며 괴로워하고 있다. 세상이 아무리 좋아져서 가발의 종류가 기능별로 많아졌다고 하지만 대머리인 사람들에게는 끝나지 않는 전쟁일 것이다. 목욕 할 때마다 노출이 되고, 바람이 불어도 문제가 되며, 인파에 밀리고 당기다가도 벗겨진 가발 때문에 수치감을 느껴야만 할테니까.

키 작은 사람은 키가 더 크고 싶고, 못 생긴 사람은 예쁘고 싶고, 가난한 사람은 부자였으면 하고, 대머리는 머리카락이 많지는 않더라도 적게라도 났으면 하고 바란다. 그렇지만 세상사가 내 마음대로 안된다고 하여 화를 내는 것은 참으로 어리석은 일이다.

얼마 전에 이웃에게서 들은 이야기이다. 어느 미용실에서 나이 든 어른 한 분이 의자에 앉더니 머리를 손질해 달라고 했단다. 미용사는 손님에게 까운을 입히고 빗과 가위를 들고 와서 물었단다.

"어떤 스타일로 해 드릴까요?"

"요즘 유행하는 걸로."

손님이 하는 말을 듣고 빗과 가위를 들고 일을 하려는 순간 미용사는 깜짝 놀랐다고 한다. 그 노인의 머리는 대머리여서 머리카락이 단 몇 올 정도 밖에 없었다는 것이다. 미용사는 놀랍기도 하고, 또 우습기도 하여 억지로 웃음을 참고 말해보았단다.

"노인장님, 그럼 가르마는 어느 방향으로 탈까요?"

그랬더니 손님은,

"그냥, 올빽으로 해줘요."

하고 말했단다. 그 말을 들으며 성급하게 화부터 내시던 그 옛날 옆집 사장님 생각이 났다. 그 사장님 집에도 자신의 감정을 억제하면서 현명하게 응대하는 젊은 미용사 같은 여자가 있었다면 집안 분위기가 많이 달라졌을 거라는 생각이 든 것이다. ♣

런던올림픽을 보며

초등학교 5학년 때, 영등포 시장 안쪽에 작은 한옥 여관집에 놀러갔던 나는 친구 아버지로부터 생소한 이야기를 듣고 놀랐다. 그때 친구 아버지는 아주 많이 불만족스런 표정으로 '영국은 길에 저런 찌꺼기는 물론 없고 담배나 침을 뱉어도 큰 벌금을 내는 나라이다'라고 말했다. 나는 그 말을 듣고 "거짓말 아니죠?"라고 되물으며, 친구 얼굴을 마주 보고 '내 나라 내 땅에서 내 맘대로 할 자유가 없다니…'하고 생각했었다. 그 당시 영등포 시장 골목마다 쓰레기와 담배꽁초, 장사꾼이 팔다 남은 각종 야채 찌꺼기 등이 널려 있었고, 여관 앞은 그야말로 쓰레기 수집장을 방불케 할만치 더럽혀져 있었다.

1951년 1,4후퇴 후 다시 서울로 올라온 피난민들은 한강

도강을 할 수 없자 많은 사람들이 영등포에 머물며 생활터전을 이루었다. 그때 우리가족은 영등포 시장에서 금은 보석상과 함께 담배 직영점을 운영하시는 큰 이모댁 상점 이층을 빌려 지내게 되었다. 그 당시는 전매청에서 직접 담배 직영점을 운영하던 때였고, 담배수요에 맞춰 공급이 제 때에 이루어지지 않아 담배 한 갑을 사기 위해 수요자들은 새벽부터 줄을 길게 늘어서서 기다려야만 했던 때였다. 하루 종일 팔아야 할 담배가 몇 십분 만에 모두 판매가 되었다. 그래서 줄서서 기다리는 사람들에게 미리 번호표를 주어 오해가 발생할 소지를 차단하였다. 어떤 집에서는 온 가족이 모두 나와 줄을 서기도 했다.

성부가 판매하는 값싼 담배를 사서 다른 이들에게 비싸게 파는 장사꾼도 있던 어려운 시기였기 때문에 나름대로 우리는 공정성에 신경을 썼다. 그 시절 어린 나는 번호표를 나누어 주는 것도 신났지만, 이모부로부터 칭찬을 들어 더욱 신명나게 일했다. 담배 판매가 끝나면 한나절동안 헤아려서 돈을 세어 묶고, 광주리에 담아서 은행에 예금하러 가는 것까지도 나의 몫이었다. 어려운 시기에 돈을 마음껏 만지는 것도 신났고, 이모님과 이모부에게 용돈도 받고 기특하다고 칭찬을 받는 것도 좋았다. 그러나 그보다 더 신났던

건 줄선 사람들 앞에 표를 들고 나가면 수많은 사람들이 날 마치 공주 같은 대우로 대했던 것이 더 좋았던 같다. 피난생활이 조금씩 안정되어 가면서 나는 진짜 공주로 크기 위해 서류도 구비 못한 상태로 5학년 전입 절차를 끝내고 학교를 다녔다.

내가 그 시절을 다시 생각하게 된 것은 이번 제30회 올림픽이 영국이라는 나라의 수도 런던에서 열렸기 때문이다. 내가 어릴 적에 이상한 나라라고 상상했던 나라 영국. 그곳에서 열리는 올림픽 메인스타디움에서는 행복한 시골마을을 배경으로 푸르름과 행복의 초원으로 가득 메운 풍경이 그려지며, 북 아일렌드 런던벨 스코트랜드 웨일즈의 노래로 개막의 종이 울려 퍼졌다.

목초지는 산업지로 바뀌며 기중기가 올려지고 기계와 굴뚝이 생기며, 공업화 산업화로 인한 사회 큰 변화와 함께 가정은 붕괴되고 삶의 질은 향상되나 도시의 팽창과 전쟁으로 희생자들이 생겨난다. 그리고 그들을 추모한다. 용광로의 철 녹이는 노동자 등 다양한 산업현장에서 철을 녹여 커다란 링 다섯 개, 즉 오륜을 만들어 공중 높이 매어단다.

이것이 세계의 첫 산업화를 일으킨 나라, 세계를 부강으로 이끌어 낸 모체가 영국임을 온 세계에 상기시키면서 올림픽 개막을 알린다. 불꽃 튀기며 만들어진 쇠고리 다섯 개가 올림픽을 상징하면서 최고도 기술로 발전한 영국의 과거와 현재를 알리는 역사적 현실을 보여주고 있다.

어느 나라이든 특색 있는 올림픽 개막식을 하지만, 이번 30회 올림픽 개막식은 참으로 영국다운 모습이었다. 영국 국기와 함께 영국 국가가 울려 퍼지며 세계 인구수만큼의 색종이 70억장을 공중에서 날려 떨어지는 모습은 바로 세계가 하나임을 상기시켜 주었다. 한 장 한 장이 각 나라의 한 사람이고, 그 중 한 장이 곧 '나'라고 생각하면서 나는 그 행사에 동참하는 기분으로 지켜보았다. 수많은 간호사와 침대를 이용하여 환자를 후송하는 과정을 보여주면서 영국의 온 국민이 무료 진료를 받는 복지국가임을 내세우는 걸 보니 참으로 대단한 나라라는 생각이 들었다.

1948년 처음 영국 런던 올림픽에 참여했던 우리나라는 그 때 28명 출전에 2개의 동상을 획득했었다. 이제 G7선진국과 어깨를 나란히 할 수 있는 나라가 된 대한민국은 64년이 지난 이번 올림픽은 지금 우리나라가 얼마나 달라졌나를 평가받을 좋은 기회였다. 그래서인지 선수들마다 자기 종목에 죽기 살기로 최선을 다하는 모습이었다. 한여름밤 무더운 더위를 한방에 날려 보낼만큼 그들은 우리들에게 경기에 혼신을 다하는 모습을 보여주었다. 그 선수들을 보며 나는 가슴을 조여가면서 '국가대표 파이팅'이라며 응원을 하였다.

메달이 무슨 상관있겠느냐며 혼신으로 싸우는 것만이 최선이라고 한다. 하지만 16강에서 패하는 선수를 보며, 또 실망감을 안고 링에서 내려오는 그들을 보며 얼마나 많은 시간과 정열을 4년 또는 8년 동안 오늘만을 기다려왔는데 그렇게 허망할 수가 없다. 어떤 선수는 16위 경쟁에서 탈락하여 곧바로 몰래 숨기라도 하듯 귀국하여 공항을 빠져 나와야만 했고, 또 다른 한 선수는 시합 도중에 골절로 인해 황급히 병원으로 가야만 했다.

태극기 게양과 함께 애국가가 울려 퍼지는 금메달 수상자도 있었지만, 무명의 선수들이 훨씬 더 많았다. 그리고 런던을 뜨겁게 달구었던 환호성도 끝나고, 미국과 중국, 그리고 영국, 러시아, 대한민국 등 순서대로 금메달 순서를 밝히며 막은 내렸다. 비록 현실은 냉혹했지만, 그러나 모두가 챔피언이라고 말하고 싶다.

1964년 도쿄, 1988년 서울, 2008년 베이징, 2012년 런던. 이렇게 올림픽은 어느 새 국가 발전의 상징이 되어가고 있다. 1948년 런던대회로부터 64년이 지난 2012년 런던

대회에서 우리가 5위라는 훌륭한 성적을 거둔 것은 그만큼 노력한 대가일 것이다. 1964년 일본에서 열린 도쿄 올림픽은 패전의 잿더미에서 다시 일어난 모습으로 세계의 주목을 받았고, 그후부터 일본은 자신감이 생겼다고 한다. 일본은 규칙에 따라 전력을 다해 겨루는 선수들의 모습을 통해 국경을 초월한 스포츠의 멋진 면을 체감하게 만들어 줌으로써 세계가 일본을 다시 평가하게 되었다.

13억 명이 넘는 국민 총인구 중 382명의 선수가 참가한 중국, 그리고 인구 3억중 535명의 선수가 참여한 미국에 비교해보면 인구 5천만명의 우리나라가 선수 256명을 참가시켜 세계 5위 달성을 이룬 것은 무척 자랑스럽다. 물론 금메달이 많나고 스포츠 강국이 되는 건 아이다. 경기종목도 비 인기종목만 들고 나오는 것도 바람직한 것은 아닌 듯하다.

올림픽은 무엇보다 세계인을 하나로 모으는 대회여야 한다. 매력적이고 삶의 원동력을 찾을 수 있고 재능을 바탕으로 피땀을 흘려 전력을 다하는 올바른 스포츠정신으로 겨루고 선수를 응원하여 국민과 화합을 이루는 그 자체가 금메달인 것 같다. 그래서 올림픽에 참여한 각 나라 선수들이 주인공이지 그 나라가 주인공이 아니다.

이번 올림픽 경기인 한일 축구전에서 승리의 기쁨에 겨워서 했던 독도 세레머니로 인해 메달을 유보당한 한 선수도 있었다. 그렇지만, 처음에 목표했던 승리를 넘어서서 우리나라의 위상을 높여준 모든 선수들에게 감사드리고 싶다. 앞으로 올림픽에 참가하는 모든 선수들이 올림픽정신에 어긋나지 않는 행동을 하도록 철저히 지도했으면 한다. 또, 모두 선수들이 세계 일등 국민의 자세를 보여주는 일등 선수가 되었으면 한다. ♣

나는 누구인가

언제인가 서해안의 해넘이를 본적이 있다.
하늘의 커다란 해가 바다로 풍덩 빠져버렸다
그 커다란 불같은 해가 바다 속 온데간데 없고,
부글부글 끓으리라 했던 바다는 아무런 소식이 없다
바다가 워낙 커서인지 물이 많아서인지

석양의 아름다움은 어떤 미사어구도 필요치 않은 순간이었다.
찬란하게 떠오르는 태양의 아름다움보다
저무는 해가 나의 마음 안에 커다란 감동을 준 그곳에서 바다를 바라보았다.
어둠이 사라지면 태양은 다시 희망으로 다가올 것이고

대중들의 사랑을 받는 새로운 인기스타로 탄생한다.

지는 해는 또 다시 떠오른다.
찾지 않아도 그리고 부르지 않아도
그러나 그들의 잃어버린 추억은 다시 찾아오지 않는다.

26년 전 미국으로 입양된 자매 쌍둥이가 길에서 노숙자가 되어 작은 봇짐을 메고, 들고 서로를 의지하며 방황하고 다닌다. 무료 급식소에서 배는 채우지만 그들의 가슴에 사랑을 누가 채워 줄 것인가? 노숙자들은 미국, 한국 어디에서나 많이 볼 수 있지만 그들같이 나이가 어린 경우는 처음 보는 일이다. 그들은 고립상태로 누구의 조언이나 도움은 물론 대화도 하지 않고 자매 둘만의 세계에서 33년을 지냈기에 타협도 사회성도 전혀 없는 고립아가 되었다. 이민을 간 한국 사람들이 먹을 것을 줄 때 가끔씩 하는 대화 속에서 그들은 이렇게 말한다고 한다.

"우리 자매 쌍둥이가 나이 7살 되는 해 코 큰 백인 아저씨에게 유괴 당했어요. 그래서 미국으로 끌려 왔어요…"

한국인 쌍둥이 자매를 아는 사람들은 알 수 없는 그들의 말을 제대로 듣지도 또 그 말이 사실인지도 관심을 두지 않는다. 그냥 다른 노숙자들과 같은 사람이거니 생각을 한다. 하지만 곰곰 생각해보면 26년간이나 길거리에서 노숙을 했을 리는 없을 것이다. 또 다민족국가이고 어린이의 천국인 미국에서 어린 나이에 거리에서 방황하는 그들 자매를 그냥 버려두었다고는 생각이 들지 않는다.

만약 입양된 아이였다면 입양한 가정의 책임을 물어야 하고, 또 가출했다면 나름대로 조치를 내려서 보호기관에서 보호했어야 할 텐데 아직 아무런 조치도 없다. 물론 세월이 너무 오래되어 그들 나이로 보아 지금은 어느 기관의 보호나 간섭의 시기를 잃었을지는 모른다.

'즐거운 나의 집'의 노랫말을 지은 '하워드 페인'도 노숙자로 오랜 기간 고통스런 삶을 보냈다. 세계인을 사로잡았던 가사 한 구절인 'no place better than home'은 그의 경험에서 나온 것이라고 한다. 우리나라 노숙자는 1990년대 말 IMF 외환위기가 남긴 유산이라고 하기도 하고, 누구는 신자유주의가 안긴 최악의 선물이라고 한다. 그럼에도 아직까지 우리나라는 노숙자들을 지나치게 오랫동안 방치해 두고 있다.

특히 서울역에 가보면 방치된 노숙자들을 많이 볼 수 있는데, 생활하는 것을 보면 정말 살벌할 정도이다. 단지 가정이 없다는 동정심에 핑계대어 그동안 그들을 지나치게 관대하게만 보아왔거나 아니면 공공영역에서의 불편도 나만 잠시 피하면 된다는 생각에서 그냥 방기해 두지 않았을까 하는 생각이 들 정도이다.

가장이 갑작스럽게 직장을 잃고 갈 데가 없어 노숙을 한다거나, 정신을 잃은 사람들이 잠시 의식을 차릴 동안의 피난처가 노숙이라면 그건 생각해 볼 문제이다. 그러나 온전한 정신을 가진 사람들은 구걸할 힘으로 열심히 일해서 살아가야 하는 것이지 가출이나 노숙을 해서는 안된다고 생각한다.

40세 후의 얼굴은 그 자신이 각자 책임지라는 말이 있다. 난 그동안 어떤 마음으로 어떻게 살아왔을까. 공포와 미움, 원망, 설움과 나쁜 생각으로 가득한 쌍둥이들의 모습을 보면 그 자그마한 체구가 응달 속에 핀 할미꽃 같다. 그 쌍둥이들은 양육할 수 없어서 부모들이 입양을 보냈을 당시의 증명이 될 가족사진을 남동생이 들려줘도 보지도 않은 채 찢어버린다. 또 상대방의 얼굴도, 한국에서 소식을 듣고 달려온 남동생까지도 마주보지 않으려고 도망친다. 그리고 '우리를 도와줘요 우리를 헤치려는 사람들이 있어요.' 라며 경찰한테 신고한다. 사진 속 어릴 적 예쁘고 밝던 표정은 사라지고, 긴 세월동안 낯선 환경과 사랑의 굶주림이 그들의 모습까지도 변화시켜 버린 것 같다.

아픔을 안고 살아온 긴 세월동안 그들 자매는 가족을 얼마나 보고팠을까? 입양을 보냈다는 사실이 어린 맘에는 버려진 것 같은 상처였을 텐데 입양된 부모들과의 코드가 안 맞아서 견디기 어려웠을 수도 있을 것이다. 혹시 입양부모가 난폭한 사람인지도 모른다. 아무튼 정부 차원에서라도 그 시초가 어디인지 찾아보았으면 좋겠다.

그동안 우리들은 입양된 많은 아이들이 성숙된 청년으로 또 변호사나 의사, 정치가 등으로 우뚝 서있는 모습만 보고 자랑스럽다고 박수를 치며 응원을 해왔다. 그런데 그 뒤안길에서는 노숙자인 쌍둥이처럼 비참하게 지내는 동포가 있다는 사실을 우리들은 잘 알지 못한다.

고아원에서 입양된 아이들의 자살하는 수치가 70%나 된다고 한다. 참으로 심각한 문제이다. 친부모들이 먹고살기 힘들다고 자녀를 입양시키는 문제는 다시 한 번 깊이 생각하고 판단해야 할 문제라고 생각한다. 출산도 출산을 할 모든 준비가 이루어진 가운데에서 출산을 해야 하고, 어쩔 수 없이 입양시켜야 할 경우에도 입양하는 가정과 입양을 시키는 가정이 서로 책임지고 바라는 희망사항을 약속하면서 이루어졌으면 하는 바람이다. 입양아였지만 좋은 양부모를 만나는 축복을 받아 성장한 스티브 잡스를 떠올려본다.

가끔씩 뿌리를 찾겠다고 TV를 통해 입양된 아이들이 성장된 모습으로 나타나서 자랑스럽게 생부모를 만날 기대에 부푼 그들이 생부모를 찾지 못하여 뒤에서 눈물 흘리는 모습을 안타깝게 보곤 했다. 그 쌍둥이 부모도 원하지 않게 낳은 그들 자녀 쌍둥이를 입양기관을 통해 머나먼 미국으로 입양시켰을 것이다. 그 딸들은 이제 깊은 중병을 앓고 있는 환자가 되었다.

이제 와서 입양해간 나라나 또 입양한 기관, 입양 부모 그리고 책임감없이 낳은 친부모를 탓하거나 원망하거나 미워한다고 해도 아무런 소용이 없을 것이다. 이제는 돈이 아니라 따뜻한 사랑만이 그들에게 필요할 것이다. 하루 속히 그들이 고향으로 보내지길 바라며, 한 그릇의 밥을 세 남매가 나누어 먹는 한이 있어도 사랑만은 배부르게 받을 수 있게 되기를, 그리고 원래의 모습을 찾아가면서 살아갈 수 있게 되기를 빌어본다. ♣

바렌타인

내가 변해야 세상도 변한다고 한다. 그래서 꿈의 한계를 깨라는 말도 있다. 세상이 변하고 또 환경이 변해가도 항상 내 자리에서 옛것만 생각하고 자신이 변하지 않는다면 세태에 뒤처지게 된다. 또한 잊혀져가는 것만을 붙잡고 그리움이 솟구쳤을 때만을 기억하며 지내도 뒤처진 삶을 살게 된다. 물론 그것들에 대한 그리움을 떼어내면 아름다움의 추억이 없어지는 것 같은 '고민'도 생기고 '억울하다'라는 생각도 들 것이다. 그래서 몸앓이를 하고 우울증까지 얻게 된다. 그러게 되지 않기 위해서는 간절한 노력만이 나를 구할 수가 있을 것이라 생각된다.

옛것을 많이 흠향하던 한 지인이 몇 대를 한옥에서 농촌 살림으로 중년까지 살더니 성냥갑 쌓은 듯한 아파트로 이사하면서 처음에 많이 힘들어 하던 생각이 난다. 그 분은 오랜

때 묻은 많은 짐들을 다 버리고 간단한 짐만을 가지고 아파트에 입주 할 때만 해도 불만스러웠는데, 한 10년 넘게 살고 보니 익숙해져 있었다고 했다. 어릴 적 보던 구멍마다 새끼들이 웅크리고 앉아 있는 그 벌집을 연상하면 자기 집이 작고 볼품이 없었는데, 저마다 분수를 지키며 살아가는 벌들 같이 아파트 속 모든 사람들도 다른 집을 넘보지 않고 저마다 자기를 지키며 살아간다는 생각이 들면서, 아름다움까지 느끼게 되었다고 한다. 또한 시대에 따라 변해가려고 노력하는 사람들의 모습을 보고 자신을 깨우쳐 가려는 생각이 들게 되었다고 한다.

6.25때 미군이 주었던 P.X박스 속에는 밀크 쪼코렛 통조림과 쓰디쓴 검은색 가루가 있었다. 그 당시엔 밀크가 아닌 약 같던 봉지를 버리며 '재수 없어'라고 말하곤 했다. 어린 시절 약 같아서 버렸던 쓰고 썼던 검은 가루가 바로 커피였다. 그 가루를 지금은 못 먹으면 그립도록 중독이 되어가고 있다. 세상과 사람은 모두들 이렇게 세월 따라 변화되고 있음을 알게 해준다.

지구촌이라는 단어에 걸맞게 한국의 음식이, 노래가 다른 나라의 문화를 변화시킨다. 또 하루 아니 초치기로 그런 정보가 유튜브에 오르내리고 있으니 참 세상은 넓은 게 아니고 좁다는 말이 맞는 것은 아닌지 모르겠다.

사루비아 과자가 아이들 어릴 적에 신제품으로 나왔었다.

언젠가 보니 손녀아이 책상 위에 사루비아 과자가 산같이 쌓여 있었다. 웬일로 맛 없다며 잘 먹지 않던 과자를 이렇게 많이 사왔냐고 했더니 구매한 것이 아니고 남자 친구로부터 선물 받았다고 한다. 젓가락 2개와 같은 날인 11월 11일을 '빼빼로 날'로 만들어서 이런 과자의 소비를 증가하게 만들고 있었다. 사람들이 세상을 변하게 하고 또 사람들도 이렇게 변화하고 있다.

상점에서 잘 팔리지 않았던 초코렛이 아마 오늘은 몽땅 팔렸을 것이다. 할아버지인 남편까지 내게 초코렛을 주려고 사왔으니, 안 먹던 사루비아 과자가 '빼빼로 날'로 인해 구매실적을 엄청 올렸을 것이다.

초코렛날인 바렌타인데이는 2월 14일인데, 과연 세상이 들썩들썩 하다. 달콤한 바렌타인데이, 맛있는 바렌타인데이 라는 내용으로 가득 찬 신문, TV 광고가 넘쳐나고 있다. 음식점에서는 만찬과 함께 남녀의 특별 메뉴로 초코렛을 먹도록 유혹한다. 라이브 음악과 함께 디너로, 또 플라워 클래스부터 이벤트까지 참으로 다양한 방법과 광고로 수많은 사람들의 마음을 움직인다. 만찬과 함께 초코렛을 선물로 주는데, 덤으로 주는 초코렛이 먼저인지 만찬이 먼저인지 순서는 모르지만 바렌타인데이와 초코렛과의 관계에는 많은 이야기들이 있다.

초코렛이 사랑을 상징하게 된 것은 그것이 사랑처럼 달콤

해서만은 아니다. 초코렛 원료인 카카오의 원산지인 멕시코에서는 초코렛이 사랑하는 사람끼리 주고받는 사랑의 시인이요 또 사랑을 돋우어주는 보약(補藥)이라고 한다. 스페인 탐험가가 멕시코 궁전에 안내를 받던 해에 황제는 하루에 50잔의 초코렛을 마시면서 색군으로 군림하고 있었다고 한다. 그 당시 100알의 카카오콩이 노예 1명의 가치와 같았고, 카카오콩 10알로 사슴 한 마리와 교환하는 통화로 쓰였다고 한다. 대단히 값비싼 사랑의 묘약이 곧 초코렛이었다니 그 가치로 사랑을 매긴 것은 아닌지 모르겠다.

왕자 시절의 석가모니가 이래에 한 끼 밥만 먹고 고행하느라 쇠약해졌을 때 '난다바라'라는 예쁜 이름의 목장 아가씨가 영양가 많은 제호(醍醐)를 바쳐서 그걸 먹고 살아났고, 그게 한국으로 건너와서 상류사회 사랑의 묘약이 되었다고 한다. 우유를 구하기 힘든 그 시절에 우유는 임금님이나 마시는 희귀하고 값진 음식이었다. 임금님은 사랑의 밀회를 별입시라며 그때 반드시 이걸 드시는 것이 궁중의 법도가 된 뒤부터 우유죽은 사랑을 북돋우는 밀회 음식이 되었다고 한다.

그 후 고종 황제 때 처음 우리나라에 초코렛이 들어왔을 때 오랑캐 음식이라고 소문이 나서 처음에는 소외당했었다. 그러나 시간이 흐르고 세상이 변하면서 나라의 풍습과 문화가 달라져갔고, 오늘날에는 번창해가고 있다. 이처럼 아무리 막고 못하게 한다고 해도 바다의 밀물같이 변화는 막을 수가 없다. 세상에 번져 나가게 되면 사람들은 그 세상을 따르게 되는 것이다. 그러니 자연스럽게 물 흐르듯 세상을 따라 사는 것이 순리이고 변해가는 세상을 나도 함께 변해가야 하지 않을까 한다.

'빼빼로 날'이나 '바렌타인데이'도 모두 우리 앞에 닥쳐온 그림자이다. 따라서 이런 문화에 익숙해지려고 노력하면서 우리들은 그 속에서 살아가야 한다. 그리고 우리 모두가 변화는 가져야 할 자세이지만, 다시 생각해보아야 할 것도 있다.

2월 14일은 바렌타인데이긴 하지만, 또 이 날은 서른 한 살 청년이었던 안중근 의사가 우리나라를 침략한 주모자인 이토 히로부미를 처단하고 일제에 의해 사형선고를 받은 날이기도 하다. 어찌 역사를 잊고 그 날을 장사꾼들의 선전 그대로 따를 것인가. 이제라도 올바른 역사를 가르쳐야 우리아이들이 올바르게 큰다는 생각을 다시 해본다. ♣

집 주소가 뭐죠

세계에서 제일 아름답다는 폭포는 브라질의 이과수이며, 둘째는 미국 나아가라 폭포라고 한다. 직접 가서 폭포를 보지는 못했지만, 영상으로 월드컵을 유치한 브라질이 소개되면서 그 유명하다는 세계 명소인 이과수 폭포를 보게 되었다. 직접 간들 그리 구석구석 볼 수 있을 것인가. 비록 영상을 통해서지만 세 나라에 걸쳐 있는 폭포를 각 나라마다 그곳 적재적소에 위치한 구석구석까지 유감없이 잘 보게 되었던 기회였다.

국내에서나 미국과 구라파 등 여행지에서 작은 폭포를 보긴 했어도 그와 비교할 수 없을 정도로 지금 영상으로 본 명소의 폭포는 그야말로 장관이었다. 폭포를 좋아하는 관광객이 어찌 많던지 그곳은 인산인해를 이루고 있었다.

세계의 수많은 사람들이 취향에 따라 음식점을 찾아가서

기호에 따라 골라먹고 또 차를 선택하여 마신다. 그리고 취미에 따라 운동을 하고, 자연을 즐기는 생활도 각기 다르다. 따라서 물을 산보다 더 좋아하는 사람과 물보다 산을 더 좋아하는 사람 등으로 2분법처럼 나눌 수는 없다. 산은 몸을 많이 움직여야 하는 운동이니 운동량이 많긴 하지만, 산이나 물을 찾는 사람들은 취향에 따라 선택하면 될 것이다.

언젠가 책에서 물을 많이 좋아하는 사람의 특징으로 사람들과 잘 어울리며, 한 곳에 정착하여 긴 시간을 공유할 분위기 만드는데 시간을 들인다고 한 것을 보았다. 또 산을 좋아하는 사람은 품성이 조용하고 묵묵히 목적지를 향해 성취하려는 의지가 강하며 개인의 자존감이 아주 높다는 것을 본 적이 있다. 물론 모두 그런 것만은 아닌 듯하다. 노년에는 대인관계가 원만해지지 못한다. 또 산을 가까이 하기에는 체력이 안 되기 때문에 어쩔 수 없이 물과 가까이 지내면서 외로움을 달래는 사람들이 많다. 그러나 흐르는 물과 무슨 대화를 할 것인가. 또 물은 노인의 마음에 충동하는 위험을 가져다 줄 수도 있다고 한다. 그렇다면 물이나 산이나 어느 것이 좋다고 할 수 없을 듯하다.

동양 사람들은 서양 사람들과 달리 폭포수를 더 좋아하며, 서양 사람들은 그 반대로 인위적인 분수를 더 좋아한다는 것을 뒤늦게 알게 되었다. 동양 사람들이 폭포수를 사랑하는 것은, 비류직하 삼천척(飛流直下 三千斥)이란 옛말에 도 있듯이, 위에서 아래로 떨어지는 그 물줄기를 사랑해서라고 한다. 또 폭포수에는 동양인의 마음속에 흐르는 '원시적인 무지개가 서려 있다'라고도 한다.

서구 사람들은 분수를 사랑한다. 지하로부터 하늘을 향해 힘차게 뻗어 오르는 분수를 좋아해서인지 선진국이었던 유럽 대부분의 나라에서는 분수대를 많이 찾을 수 있다. 산줄기에 있는 폭포와는 달리, 분수는 인위적으로 만들어져서 위로 높게 물줄기를 뻗게 한다. 따라서 주위에 넓은 광장 조성이 필수이고, 이에 어울리는 아름다운 조각상들이 있어서 분수를 찾는 이들로 하여금 그 주위에 관광객이 흘린 먹이를 먹는 비둘기들과 함께 하도록 만든다. 분수에는 서양인의 마음속에 원초적인 꿈의 무지개가 서려있는 듯하다.

폭포수는 자연적이며 자연이 만든 물줄기이고, 분수는 인공적인 힘으로 만든 물줄기이다. 물은 높은 곳에서 아래로 떨어지는 것이 자연의 원리이다. 이와 반대로 인위적으로 물을 거꾸로 올리려 하는 분수는 서양 사람들의 특별한 아이디어라고 할 수 있다. 동양인들이 좋아하는 자연 그대로의 폭포가 아닌 분수는 곧 자연을 거역하는 힘, 인위적인 힘의 산물로 그건 곧 창조의 힘이다. 문명의 질서란 것도, 또 사회의 움직임도 광장에서 내뿜는 분수와 같은 것이라 생각한다. 자연의 힘, 다시 말하면 중력을 거부하는 인위적이 힘이니까 동력이 끊기면 물줄기인 분수의 힘도 멈추게 된다. 모터로 또는 인위적으로 힘을 가했을 때에만 하늘로 용솟음 칠 수가 있다. 이러한 긴장감의 연속이 바로 세계를 지배해온 힘의 원천이 아닐까?

종교 개혁 후 핍박받던 아일랜드와 스코트랜드는 잉글랜드로부터 도전을 받아 그들의 일부는 대서양의 거친 파도를 헤치며 나아가서 아메리카 드림을 이룩하였고, 그들만의 청교도 정신이야말로 지금의 미국을 만든 원동력이 되었던 것은 틀림없는 사실이다.

그들이 처음 이주한 곳은 대서양 연안이었다. 또한 도시계획을 수립 할 때에도 주먹구구식이 아닌 과학적이며 먼 훗날을 생각한 치밀한 설계로 꾸며진 것을 알 수 있다. 모든 청교도들은 세상과 타협을 않고 오직 하나님이 세상을 창조하셨듯이 인류 세계를 새롭게 창조할 구상을 한 것이다. 목숨을 걸고 이주해 온 그들이기에 아메리카 신대륙에서 개척자들은 길 하나도 정확하게 만들었고, 주소까지도 과학적으로 분류하여 눈을 감고도 어디 쯤인지 짐작할 수 있도록 도시개혁을 잘 해놓았다.

우연하게 보았던 한 도시의 구획도를 보고 나는 놀라지 않을 수 없었다. 자로 잰 듯이 반듯 반듯하게 만든 거리에 집과 길의 간격이 일정하고, 어디쯤이면 몇 번지인지 알 수가 있었다. 주소를 자로 재어 어디쯤인지 몇 번지인지도 짐작할 수 있을 정도로 자세히 그려져 있었다. 어느 도시를 가나 또 어느 길을 가던지 거리 이름과 집 주소만 알면 눈 감고도 찾을 수 있도록 한 과학적인 주소였다.

집 앞의 길에 있는 커다란 보도블록은 우리나라 것의 약 4배 정도의 크기로, 다른 도시나 다른 여러 주를 다녔지만 모두 그 크기가 같았다. 그걸로 보아 나라를 건국할 때 처음 원칙을 정해서 변함없이 만든 길인 것 같다. 참으로 놀랬다. 건국 200년 전 쯤 만들어진 도로가 구획정리 할 때부터 같은 규칙을 정해서 그대로 하였다니 참으로 놀라운 일이다.

모든 도로에 적용한 번지는 길 오른쪽은 짝수 번호, 왼쪽은 홀 수 번호이다. 구태여 우체부가 없어도 그 누구라도 척척 수리적으로 나뉘어져 찾기 좋게 번지가 구성되어 있다. 한 보드 블럭 사이즈가 가로 세로 모두 (3인치) 정사각형으로써 8칸~10칸 정도가 보통 한 집이다. 집마다 수치는 조금씩 다르지만 보통 블록 10칸 정도의 간격이 한 집으로 짝수인 2, 4, 6, 8, 10으로 되어 있고, 또 다른 길 건너쪽은 1, 3, 5, 7, 9로 되어 있다. 이런 숫자가 20호 쯤 지나면 세로운 길이 한 칸 생겨서 신호동을 건너는 길이 된다. 이처럼 아주 규칙적으로 되어 있다.

몇 년 전에 가보았던 아리조나주의 피닉스 역시 샌프란시스코와 같았다. 또 켈리포니아의 인접 동쪽 네바다주도 역시 같았다. 지난 해는 북쪽의 오레건주를 가 보았다. 이곳은 유명한 폭포로 생긴 호수가 있고, 숲이 우거져서 저 소득자가 많으며 인구밀도도 아주 낮은 곳이다. 그러기에 미국의 50개 주에서 오직 세금이 없는 주가 바로 오레건주이다. 물품세액을 감면해주어 다른 주에서 인구를 유인하는 효과가 크기 때문에 은퇴한 각 주의 노인들이 이곳에 와서 거주한다고 한다. 우리 부부도 면세가 된 일상 필수품을 사오면서 관광을 즐긴 곳이기도 하다. 호텔도 한적하고 잘 준비된 조식으로 점심을 대신 할 정도로 서비스가 좋은 곳이었다. 그곳 역시 구석구석 어찌나 구획정리가 잘 되어 있던지 매우 부러웠다.

우리나라도 2, 3년 전부터 새로 만든 도로명 주소가 쓰이기 시작되었다. 그런데 요 근래 몇 년전부터 새로 들어선 도시들도 구획정리가 제대로 되어 있는 것 같지 않다. 200년 전 미국처럼 치밀한 계획을 세우지 못하는 것은 우리 대한민국 국민들이 '분수'를 좋아하지 않아서일까? 오래전부터 사용해왔던 주소가 변경되면서 우체부들과 택배 아저씨들이 집을 제대로 찾지 못해서 난리이다.

일정한 시행착오 기간이 지나게 되면 그들도 익숙해지길 바라는 마음이지만, 아직도 새로운 자기 집 주소를 모르고 있는 국민들도 많은 듯하다. 왜 주소를 바뀌어야 했는지,

그리고 이런 혼란을 거치면서도 왜 고쳐지지 않는지 모르겠다. 200년도 아닌 30년 밖에 안 된 이 도시에서 뭐가 달라진 것인지 정말 알 수가 없다. 누구의 입을 통해 변화의 물결이 일렁였는지는 몰라도 이건 아닌 것 같다.

구획 정리가 되고 이름과 번호가 정해진 상태에서도 이웃 아파트에서는 옆 아파트와 달리 '삼성로'가 아닌 '남부순환로'가 됐다고 한다. 그래서 구청에 민원을 내서 다시 바꾸었다고 하니 이런 것이 넌센스라는 걸까? 창조적이 못된 것도 모방해야 하는 걸까? 또 정한 것을 다시 민원에 귀가 쏠리어 규칙을 바꾸었다고 하니 변경해 주는 이대로가 좋은 것일까? ♣

애완견과 야생견

은행 안에서 강아지 한 마리가 대리석 찬 바닥에 네발을 쭉 뻗고 납작 엎드려있다. 코까지 콕 박고 그리고 주인이 손에 든 컵 속의 물을 긴 혀를 내밀고 핥고 있다.

"어머, 참 귀엽게 생겼네. 무슨 종류죠?"

"감사합니다, 코키스 파리엘이에요."

빌딩서 만난 그 개는 처음 들어본 종류이지만 보기에도 멋지게 생긴 개였다. 개를 워낙 좋아하여 아주 어릴 때부터 여러 종류의 개들을 보았지만, '코키스 파리엘'이라는 이름은 처음 들어본다. 애견인구가 많아지니 여러 나라의 개들이 새록새록 수입되나 보다. 개를 길러보면 기르는 재미가 상당히 쏠쏠하다. 용변을 약속 장소에 보고나면 눈치로 칭찬 받기를 원하고, 모르는 척 하면 옆에 와서 툭툭 치며 간식 달라고 조르기도 한다. 피아노 소리만 나면 고개를 들고 큰소리의 고음으로 노래하기도 하고, 또 두발 들고 두발로만 뛰기도 한다. 시장을 갈 때는 장바구니를 입에 물고 장 봐준 개도 있고, 사랑을 받으려고 온갖 재롱을 부리는 개도 있다. 보는 즐거움도 있지만 주인 차의 엔징 소리를 알아채고 현관으로 나가는 충성심은 물론 영리하기까지 하다.

그동안 사나운 진돗개 누렁이, 사냥개 포인터, 마르치스 초코, 마루, 한국순종 검둥이를 길러보았고, 푸들로는 까맣다고 까미, 하얗다고 하미, 또 귀여워서 아가를 길렀다. 아가를 끝으로, 목욕과 미용 그리고 먹이를 챙겨주는 것도 힘들고, 또 한 가족이 된 그들이 죽을 때에는 보기가 너무 힘들어서 개를 기르지 않기로 했다. 그런데 길을 지나가다가 개만 보이면 만지고 싶다. 개만을 쳐다보는 날 보고는 주위 사람들이 '넌 전생에 개였나 보다'라고 농담도 한다. 나는 아직도 개 짓는 소리가 듣기 싫지 않고 정겨운 걸 보니 개를 너무 좋아하나 보다.

국립공원 북한산에는 등산객들이 위협을 느낄 정도로 무리지어 다니는 개들이 있다고 한다. 그 개들을 보며 공포에 소스라치게 놀라는 사람도 있고, 다시는 그 산에 가고 싶지 않은 사람도 있을 것이다. 이들은 살던 동네가 아파트 등으로 재개발되면서 주인에게 버려진 개나, 아니면 주인을 잃어버리고 방황하는 개 등 여러 이유로 이곳으로 모여들게 된 개들이라고 한다. 이들이 산속에서 지내며 무리지어 먹을 것을 찾으러 다니는 모습은 등산객들에게 충분히 위협이 될 것이다. 하루하루 살아가기 위해 헤메는 개 무리는 서울역 광장에 있는 노숙자를 생각나게 한다.

10여년 전, 처음에 3마리 정도의 개들이 가족 같이 모여 다녔다고 한다. 그들은 등산객들을 잘 따르며, 주인이 언제 찾아올 것인가 하는 기대로 사람들에게 가까이 다가와서 애견의 습관을 보여주었다고 한다. 그렇게 눈도 맞추고 꼬리도 흔들며 뒹굴기도 하고, 각자 다양한 재롱을 부리면서 등산객들이 주는 음식을 얻어먹기며 지냈다. 또 냄새를 통해 낯선 냄새가 나는 사람들에게서는 멀리서 빵조각을 던져주면 먹었다고 한다.

그런 생활도 몇 달 그리고 1년이 지나가자 개들은 사람들을 기피하기 시작하였고, 실망하는 눈초리로 사람들을 바라보면서 자기를 끝내 안 찾아주는 주인에 대한 원망이나 자기를 버린 주인의 매정함을 느꼈는지 사람들을 피하며 되도록 멀리서 지냈다고 한다. 사람들이 주는 음식도 사람들이 안보여야 먹는 개로 변화가 되어가기 시작했단다.

개들은 세월이 흐르면서 결혼하여 가족 수를 늘려갔지만 먹을 것은 구하기가 쉽지 않았을 것이다. 추운 겨울 바람막이도 없는 산에서 눈보라를 맞으며 지낸 결과 날렵해진 몸으로 사납게 변하였고, 암벽을 날듯이 달려가는 이리나 사자같은 동물로 변해가고 있다.

북한산은 큰 바위가 많고 숲도 우거져서 은닉처가 많고, 입산금지지역도 있어서 사람들을 멀리하며 피하기는 좋았을 테지만, 말도 못하는 개들이 어떻게 뭘 먹고 살아남게 될 건지 궁금하기만 하다. 또 무리로 변한 개들이 돌아다니면 사람들도 무서울 것이고, 개들도 주인 아닌 모든 사람들이 다 적 같아서 무서울 것이다. 원래 개는 무서울 때 짖으니 한데 어울려서 크게 짖을 것이다.

주인들의 사랑을 받으며 집안에서 함께 지낸 애견들이 버려진지 오래되면서 목욕도 하지 못하여 더럽게 된다. 또 새끼를 부양해야 하는 어미개의 어려움도 있을 것이고, 무리 지어 다니는 것은 사람이 무섭고 두려워서 그러는 거라는 생각에 더없이 가엽고 딱하다는 생각도 든다. 개들의 숫자가 많아지니 먹이 공급도 어려울 것이고 낮엔 숨어 있다가 등산객 없는 깜깜한 밤에 사람이 흘린 음식물을 찾아

흙속에 코를 박고 뒤져야 할 것이다.

옛말엔 '복 많은 사람을 개 팔자'라고 했는데 버려진 개는 좀 다른 처지일 것이다. 산꼭대기에는 무당들이 산신령에게 제사를 지낸 음식이 있으니 이 음식을 찾아서 산꼭대기를 오르내린다고 하나 그래도 좋은 팔자는 아닐 것이다. 또 깊은 산속에 있는 절에서 버린 밥을 주어먹으며 살아가야 하는 처지도 좋은 팔자는 아닐 것이다.

얼마전 비가 오는 복날에 몇몇 사람들이 개를 숲속에서 무자비하게 때려잡으며 '이렇게 때려야 맛있다'라고 하며 웅성이더란 말을 달포 전에 들은 기억이 내 마음을 괴롭힌다. 그렇다면 북한산에 버려진 개는 차라리 행복한 것인지 아님 고통을 잠시 겪고 죽는 것이 좋은 것인지 개들에게 물어보고 싶다. 사람의 필요에 따라 데려와서 기르다가 버려진 신세에게 의지할 곳 없어 북한산까지 와서 살게 되었는데, 이제는 사람들이 이 산마저 꽉 채워가고 있으니 그들은 사람들에게 항변하고 싶을 것이다. 그래서 개들의 울음소리가 '사람들이 무섭다'고 말하는 듯이 들린다.

혼자 자라서 외롭다고 하는 손녀에게 원하는 개를 사준 적이 있다. 손녀가 유학을 가면서 "할머니, 내가 다녀올 동안 잘 길러줘."하고 부탁을 했다. 그래서 요즘 다시 개와 함께 살고 있다. 다리는 짧고 허리는 긴 '닥스 훈트'라는 개다. 오리 사냥개라는데, 양재천으로 산책을 나갈 때마다 '왜 하필이면 저런 미운 개를 기르나' 했던 개가 바로 내 손녀가 기르는 개다.

겉모습은 싫었지만, 얼마동안 먹이고 씻기고 또 여자라 월경대를 둘러주며, 추울까봐 옷을 만들어 입히고 하는 사이에 정이 푹 들어버렸다. 이젠 너무 예뻐서 재롱 피우는 것을 보려고 피아노에 앉히며 노래도 부르게 한다. 훈련이 안된 손녀의 개 벨라는 새로 오는 낯선 사람이나, 세탁소 아저씨의 '세탁'소리가 나면 짖어댄다.

짖을 때마다 이웃집게 피해가 될까봐 주변에서는 수술을 해주라고 한다. 그러나 수술을 해서 소리를 내지 못하면 만약 집을 잃었을 때 주인의 부름에 대답을 하지 못하게 될까봐서 아직 하지 않고 있다 그 대신에 짖을 때마다 무거운 벨라를 안고 화장실로 들어간다.

개나 사람이나 한집에서 사는 가족이기 때문에 한번 정이 들면 서로 사랑하게 되는데, 북한산에 있는 그 많은 개들은 어떤 이유로 살던 집과 주인까지 잃어버리고 야생 들개가 되어 방황하고 있는지 궁금하기만 하다.

오래전에 집을 잃은 개를 데리고 온 친구 아들이 나에게 맡기고 갔다. 나는 개를 목욕시켜고 아파트 벽에 주인을 찾는 광고를 붙이고, 주위 관리사무소마다 찾아가서 방송 요청해서 이웃 아파트에 사는 개 주인을 찾아준 적도 있다. 그때는 바쁘게 직장을 다닐 때였는데 아마도 개를 사랑하는 주인의 맘이 이해가 되어서 그렇게 할 수 있었던 것 같다.

"머~ 멍 멍멍~~~~~~~~~~~"

개의 울부짖음 소리가 널리 울려 퍼진다. 개들이 내는 저 소리는 개들의 대화라고 한다. 오늘도 비가 내리고 있는데, 정적을 깨뜨리며 양재천 쪽에서 개 울음소리가 그치지 않고 내 귀에 들려온다. ♣

양재천에서 맞는 한가위

‘더도 덜도 말고 한가위만 같아라.’

가을 한가위를 맞이할 때마다 조상님들이 만든 이 속담 생각이 난다. 어제 맞이했던 달은 보름달에서 아주 가는 실만큼만 모자라듯 약간의 부족함이 있었다. 그런데 하루 밤 사이 뭘 그리 급히 먹었던지 흠뻑 살찌어서 휘영청 밝은 둥근 보름달로 얼굴을 내밀고 있다. 어찌나 둥글던지 스케치북에 자로 그린다고 한들 그리 둥글게 그리지는 못할 것 같다. 정말 한오라기 실도 들어갈 틈이 없는 둥근달이다. 그래서 사람들은 ‘보름달만큼 꽉 찬 한가위를 맞으라’고 추석 인사를 하나보다

양재천 산책길을 나오니 번잡하던 그 길도 모두 고향길을 떠난 것인지 한산하다. 그 길목에서 계절을 미쳐 따라가지

못한 나비 한 마리가 가련한 작은 들꽃 잎에 앉아있다가 내 빨간 모자위로 날아든다. 철없는 나비여서 이리 둔한 건가? 아니면 내 늙은 향이 좋은 것인가? 내가 옮겨 걸어가도 나 있는 곳으로 따라 날아온다. 혹 눈이 먼 나비인가? 아님 일행들에게 짐이 될 나비여서 남겨놓고 떠나가 버린 것인가? 한가위 명절을 지내려고 주변 사람들은 모두 고향으로 내려갔건만, 나처럼 갈 시골 고향이 없는 한 마리 저 나비도 나와 같은 딱한 처지인가 보다.

문득 애국가 4절의 한 구절인 '남산위에 저 소나무 철갑을 두른 듯'이 떠오른다. 소나무는 각박한 토질이나 돌산에서도 악조건과 싸우며 살아가는 기개를 지닌 나무이다. 기개를 숭상했던 우리 소상들은 소나무를 나무 이상의 정신자원으로 보았다. 그래서 강인한 정신력을 지닌 소나무를 좋아했다. 일찍부터 고생을 경험 한 만큼 더 좋은 실력 쌓기는 없다고 한다. 풍족한 집안에서 자라난 사람은 곤경에 처하게 되면 버티어내지 못하고 좌절하기 쉽다고 하던데, 혹시 홀로 남겨진 저 나비도 그런 나비인가?

도시에서 자라난 나는 보고 느끼며 감성을 키우던 산촌, 어촌, 또 농촌에서 태어난 모든 작가들을 늘 부러워했다. 태어나서 유아 시절을 보낸 곳도 많은 집들과 백화점 및 건물 숲이 있는 일본이었고, 귀국 후에 어린 시절을 보낸 곳도 서울 한복판인 충무로여서 멀리 남산과 극장 같은 건물만을 보며 자랐다. 그래서 바다나 산과 들같은 자연풍경이 보이지 않는 곳에서 평생을 자란 것이다.

그러다보니 콘크리트 정서에 물들어 나는 식물 이름이나 풀 이름도 제대로 모른다. 나무 이름도 소나무, 진달래, 개나리를 제외하고 아무 것도 알지 못한다. 나무 이름들은 그저 책에 실린 사진으로만 보니 익혀지지도 않고 또 어릴 때 느꼈던 감수성조차 없으니 그저 다른 물체와 구분되는 명칭일 뿐이다.

이처럼 표현이 굳어져 버린 내게 있어서 글을 쓸 소재가 늘 한정되어 있다. 구구절절이 호소력을 발휘하고 싶지만, 풀 한 포기에서 또 나무 한 그루나 바다 갈매기를 보며 글을 쓸 때는 그냥 수박 겉핥기 하듯 단지 한 마디 표현 밖에 구사하지 못하고 있다. 영화나 책에서나 읽고 알던 보던 것들이 대부분이었던 도시 소녀에겐 가슴마저 콘크리트로 굳어져 있어 글이 샘물 솟듯 나올 리가 없다.

나와 달리 충청도 전라도나 경상도 산골 또 강원도에서 자연을 벗 삼아 수 십리 걸어 다니며 공부했던 사람들은 닷새장이 열리는 장터 구경도 했을 것이고, 꽹과리 소리에

헌신을 내주며 엿도 한 가락 받아먹고 엿장수의 구수한 가위소리도 들었을 것이다. 이처럼 감수성이 풍부했던 어린 시절을 체험으로 느끼며 성장하였을 사람들은 노년이 된 후에도 감수성이 풍부했던 그 시절의 느낌을 글로 담아낼 수 있을 것이다.

모든 환경의 이루어짐은 하루아침에 이루어지지도 않고 또 느낄 시기도 아무 때가 아닐 것이다. 많은 유명한 작가들의 자라온 배경을 보면 자연과 더불어 태어난 분들이 많다. 어쩌면 그런 것은 당연하다고 생각된다. 감수성 많은 시기에 많은 자연과 더불어 생활을 할 수 있었던 모든 작가들은 참으로 행복한 분들이고 자연환경에 감사를 드리고 싶을 것이다. 떡을 힐 줄 모르는 사람이 씨나무나 나물 탓만 한다더니, 내가 글은 제대로 쓰지도 못하면서 태어난 고장이나 탓하고 있다. 어찌 생각하면 우스꽝스럽기도 하다.

지금이라도 좀 더 자연을 느끼고 싶어 나는 양재천을 따라 걷는다. 때로는 못생긴 애견 벨라를 데리고 나와 함께 달리기도 한다. 다리가 유난히 짧은 벨라지만 달리기는 잘 하는지라 기운 좋게 날 끌고 달린다. 끌려가면서 넘어질듯 말 듯 '호랑나비' 노래를 부르던 가수 김흥국처럼 나는 목줄에 매달려서 힘들게 달린다.

벨라는 멀리서라도 자기를 바라보며 웃는 사람에겐 조용히 지나가지만, 자기를 제대로 보지 않거나 이상한 얼굴 가리개를 두른 사람을 보면 마구 짖어댄다. 그리고 '참 귀엽다'라는 칭찬소리를 들을 때는 짖지 않는다. 그런데 어린아이를 보면 얕잡아보고 짖는 걸 보면 가끔 신기하기도 하다.

힉힉, 벨라가 더워서 혀를 비스듬히 내놓고 달리는 모습이 매우 귀엽다. 나는 영리한 벨라에게 물 한 모금 입에 넣어준다. 이처럼 모든 생물과 자연은 서로의 삶을 아끼고 보살피면서 살아간다. 묵묵히 사람과 함께 더불어 살아가는 애견 벨라와 모든 걸 다 품어주는 자연이 참으로 고맙고 또 고맙다. ♣

3
내일을 향하여

밥상머리 훈계(訓戒)

“엄마, 내 딸 노아는 정말 웃겨요, 자동차가 출발하려고 시동을 걸면 기도하고, 또 성당이 멀리에서 보이기만 해도 고개 숙여 두 손 모아 기도해요.”

고슴도치도 제 새끼 가시는 부드럽다고 한다던데, 너도 네 새끼니 얼마나 예쁘고 귀엽고 사랑스러울까? 유난히 아기를 좋아했던 작은 딸은 젊은 20대에 두 번씩이나 아기 갖기를 실패하여 늘 가슴에 멍에를 안고 지내다가 42세의 나이에 낳은 딸이 노아였다.

“그렇구나, 노아가 에미를 꼭 닮았구나. 너도 TV방송에서 태극기와 애국가가 울려퍼지고 하강식 하는 소리만 나면 길을 가다가도 멈추어 서서 국기에 대한 경례를 하곤 했지.”

이 말을 하면서 며칠 전 이종 사촌 부부와 그들 처형 부부를 모시고 관광을 다닌 일이 생각났다. 그분들은 미국으로 이민을 간 후 오랜만에 한국의 제주도와 설악산을 둘러보며 조국 관광을 했다. 관광여행 일정을 마치고 일주일의 자유 시간동안에 우리 부부와 함께 어머니 산소를 가기로 했다.

어머니 산소를 향하는 차 속에서 한국의 변화된 모습을 보며 그분들은 급속도로 발전된 대한민국이 참으로 자랑스럽다며 감동을 하고 기뻐했다. 30여 년 전에는 미국과 대한민국이 크게 차이가 났었는데, 오늘날에는 이렇듯 새롭고 깨끗한 건물들이 많고, 높고 멋진 빌딩과 깨끗한 길거리, 한강의 기적을 이룬 이십 여개나 되는 한강의 다리들을 보며 어디를 가나 새롭고 아름다운 모습에서 놀라지 않을 수 없다고 했다. 나도 20여 년 전부터 매년 미국을 드나들었기에 환하게 보아왔지만, 한국의 겉모습이 미국보다 훨씬 화려하고 멋져 보였다.

"일본도 깨끗하고 건물도 좋던데, 모든 게 미국서 배워가서 더 좋게 잘 지어서 그런 거 같아."

"언니, 코엑스나 한국 백화점이 미국 백화점보다 더 깨끗하고 너무 멋지고 먼지 하나 없으며 지하철도 참 좋아요."

"그럼. 논문도 베껴 낸 친구의 논문이 A+를 받는 거지. 더 좋게 수정하니깐."

"네. 일본은 우리보다 먼저 모방했고 우리는 더 느렸으나 우리가 더욱 신선해서 A+ 받는 논문이 된 거지요."

항상 발전에 발전을 거듭하는 현실세계에서, 세상은 무한한 발전의 연속이라는 걸 이야기하면서 미국 시민권자인 이종 사촌 부부와 그들 처형 부부의 마음이 허전하지 않도록 배려하기에 난 애를 썼다. 그 순간 시청이 바라보이는 조선 호텔 앞 근처에서 차 한 대가 우리 차를 살짝 스칠 듯 끼어들면서 인정사정없이 앞질러 갔다. 그 차를 운전하고 있는 사람을 보니 30대로 보이는 젊은이였다. 크락숀 소리를 내어서 운전에 조심하라고 경고를 주려했더니 우리 차 옆으로 더 가까이 다가와서 겁을 준다.

이처럼 혼란스러운 행동으로 교양 없는 짓을 하고 있는 태도가 '똥 싼 놈이 큰소리친다'는 말을 떠오르게 만든다. 순간 난 너무나 부끄러웠다. 내가 교육을 잘못 시킨 젊은이도 아니고, 내 제자나 내 아들도 아니지만 알 수 없는 수치심이 들었고, 내가 접대하고 있는 손님들을 보기가 부끄러웠다. 남의 차를 추월하고도 미안한 표현은커녕 겁주려고 더 난폭하게 운전하던 젊은이는 분명 한국의 젊은 청년이었다.

미국에 갔을 때 난 저렇게 난폭하게 운전하는 사람들을

단 한 번도 보지 못했다. 아무도 없는 동네 골목길에서도 차선과 신호등이 없어도 한차씩 순차적으로 교차해서 오고 가는 교통질서를 잘 지키는 미국인들을 보고 많이 놀라기도 했다. 그러면서 우리나라도 그랬으면 좋겠다고 생각을 했다. 발전도상국에서 선진국으로 나아가는 과정에서는 모든 기초가 부족하듯 문화수준도 한꺼번에 올라가지 않는다. 건물과 같은 외적인 모습은 개선되어 간다고 해도 정신문화는 하루아침에 높아지지 않을 것이다. 사람에 대한 교육은 하루아침에 이루어질 수가 없기 때문이다.

멋진 빌딩 짓고 길을 닦고 다리를 놓는 것은 비교적 빠른 시일에 이루어 낼 수 있다. 그러나 교육은 빠른 시간에 될 수가 없다. 긴 세월동안 차근차근 가정교육부터 시작하여 학교교육을 거쳐 이루어진다. 그래서 교육을 100년 대계라고 한다. 문명발달에 뒤지지 않는 선진국으로 가기 위해서는 이에 버금가는 문화시민의식도 함께 갖추어야 하는데 사람 교육이 하루아침에 이루어질 수 없으니 답답하기만 하다. 가정교육이 그 사회에 끼치는 영향이 얼마나 큰가를 생각해본다. 또 내가 교사시절에 학생들에 대한 교육을 제대로 한 것인가에 대한 책임감도 느끼며 반성해 본다.

옛날 대가족 시절에는 대부분 3대가 한 집에 살았다. 그래서 철이 들 무렵의 아이는 할아버지와 겸상을 하도록 하여 식사예절을 배우도록 했다. 할아버지가 숟가락을 들기 전에 들어서는 안 되고 또 숟가락 놓기 전에 놓아서도 안 된다. 반찬은 할아버지가 젓가락을 대기 전에 먼저 대서는 안 되고, 고기 같은 별식은 할아버지가 집어서 밥 위에 놓아 주기 이전에 손을 대서는 안 된다, 또 상치 쌈을 먹을 때는 어른 앞에서 입을 벌리고 눈을 부라리는 것이 부도덕하다고 하여 고개를 돌려서 입에 넣어야 했다.

이렇게 밥상교육으로 시작한 가정교육이 세상 살아가는 기초 학습이었고, 사회생활을 시작하기 위한 교육이었다. 이런 교육이 바로 한국의 교육이었다. 그때는 아이를 법도 있는 집안에 맡겨서 밥상머리 인격교육을 시키는 위탁 교육 관습까지 있었다고 한다. 그런 까닭에 비록 폭군이었지만 연산군도 어릴 적에 숭례문 밖에서 밥상머리 교육을 받았다고 전해지고 있다.

그런데 이제는 사회 발전으로 인해 한 가족이 밥상에 모여 하는 식사가 한 달에 한 번도 가질 수 없는 현실이 되었다. 직장과 자녀 학교 입시공부 등으로 모두 다 바빠진 것이다. 우리 사회는 인생의 기초 교육인 밥상머리에서 받는 교육조차 제대로 이루어지지지 않고 있는 것이다. 이런 상황에서 더 나아가 이제는 입시에 매몰되어 학교에서 이루어지는 학교교육도 엉망이 되어버렸다. 그로 인해 우리 사회가 더욱 혼란스러워지고, 학교사회에도 일진회라는 조직이 침투되면서 극단의 혼돈으로 치닫고 있다.

유럽에서는 아이들을 위한 예절을 다룬 책들이 많이 있어서 모든 아이들에게 의무적으로 탐독하게 한다고 들었다. 그 내용은 어른에게 말 할 때는 얼굴을 똑바로 보라거나, 눈동자를 돌려서는 안 되며, 어른이 앉으라고 할 때까지는 서 있어야 한다는 등 엄격한 교육내용으로 되어 있다고 한다. 또 들은 이야기지만, 영국의 체벌교육이 미국으로 넘어가서 보스턴 북교 세이램이란 곳에 있는 오래된 학교에서 엄격하게 시행되고 있다고 한다.

미국 유학생으로 그곳 기숙사에서 지냈던 한국인의 말에 따르면 교무실 하나에 교실 하나, 그리고 그 사이 중간에 좁은 공간을 두어 체벌실로 사용했다고 한다. 체벌하는 방이라는 좁다란 공간에서는 잘못한 학생이 기운 센 직원에게 볼기를 까인 채 등에 업혀오면 교장이 매를 들고 체벌을 가하였다는 것이다. 그 당시 체벌은 바로 엄하게 학생들을 다루었던 영국에서의 체벌교육이 바로 미국으로 이식됐음을 알 수 있다. 영국의 오래된 잡화상에서는 지금도 체벌용으로 잘 만들어진 회초리를 팔고 있으며, 상류사회라고 할 수 있는 젠트리 계급에 속하는 집에는 아이들 방에 이 회초리가 걸려 있다고 한다.

내가 현직에 있을 때 체벌을 무섭게 가하는 교사도 있었고, 말로 하는 교사도 있었다. 때로는 잘못한 아이에게 "몇 대 맞을래?" 묻고는 아이 대신 선생인 자신을 때리라고 회초리를 들려주면 아이는 울면서 다신 안 그러겠다고 반성하곤 했다. 물론 말로만 해도 잘 듣는 아이들이 따로 있고, 매를 맞아야만 듣는 아이들이 따로 있는 것은 아니다. 그렇지만 어릴 때부터 철저한 교육으로 옳고 그름을 제대로 익히게 해야 하는 것은 모든 교육의 기초가 된다. 바로 그런 교육의 기초가 닦아지는 곳이 가정이다.

부모는 아이들의 거울이니까 밥상머리 교육은 그래서 중요하다. 아이들은 부모의 행동을 따라 배우게 되고, 그것이 바로 가정교육이 되는 것이다. 영국의 교육이나 우리나라 밥상머리 교육은 올바른 사회를 만드는 원동력이다. 따라서 지금부터라도 밥상머리 교육을 중시해야 한다. 더 중요한 점은 가정 안에서 어릴 때 부모로부터 자연스럽게 버릇을 들이는 것이 제일 좋은 교육방법이라는 것이다. ♣

콩과 간장

'황소간장'이라는 연속 방송극은 저녁 식사 후 오붓한 시간에 커피 한잔을 마시며 시청하기에 알맞은 재미가 쏠쏠한 가족 드라마이다. 거기에서 보면 우리 조상들이 소중히 했던 식품 중의 하나가 간장임을 알 수 있다. 옛책에 보면 고조선시대부터 우리나라에서 간장이 사용되었다고 하니, 몸에 좋은 콩을 이용하여 인체에 필요한 발효식품인 메주를 만들어 사용한 조상들의 지혜가 놀라울 뿐이다.

우리 생활 속에 기초식품으로 등장하게 된 간장에 대하여 조금씩 더 알아가면서 옛 조상들의 지혜에 놀라게 된다. 뿐만 아니라 이제는 우리네 전통식품인 김치를 담그는 '김장'까지도 유네스코 기록문화에 등재된다고 하니 우리 식품에 많은 기대를 하게 된다.

그런데 요즈음 콩을 수입에 의존하다보니 국내산 콩이 금값이란다. 오늘날에는 고기보다 콩이 몸에 더 좋은 것이라는 것을 잘 알기 때문에 더욱 콩이 그 가치를 높이 평가받는 것 같다. 그렇다면 우리 조상들은 콩으로 어떻게 여러 음식을 만들기 시작했을까? 옛 조상들도 콩의 영양가를 알고 있었을까? 콩이 그 시대에 많이 나는 작물이었을까?

우리나라 속담 중에 내 집에 있는데도 이웃집에 가서 빌려오는 것을 빗대는 속담에 '배꽃 떨어지자 양식 빌려간다'가 있다. 간밤에 비바람으로 배꽃이 마당에 하얗다. 낙화도 꽃인데 꽃을 쓸고 곳간까지 가서 아침 양식을 퍼내올 수 없어서 이웃집 가서 양식을 꾸어온다는 것을 빗대어서 말하는 속담이다. 이 속담은 낙화라도 꽃이어서 밟지 않으려는 애교가 있다.

이와는 다른 속담으로 '논두렁 놀려 두고 메주 구걸'이라는 속담이 있다. 이 속담은 일하기 싫어하는 게으름뱅이의 마음을 보여주는 것 같다. 논두렁의 빈자리에 콩을 심으면 메주 걱정은 없을 텐데 게을러서 일하지 않고 남에게 구걸한다는 것을 빗대고 있기 때문이다.

18세기의 실학자 이익의 대두론(大豆論)을 보면, 콩이 우리나라에 나지 않았다면 가난한 사람들이 살아남기 힘들었을 것이라면서 국가 유지의 저력을 콩에 두고 있다. 또 시골에서 어려운 사람들이 삶의 실상을 적어놓은 구절을 보면 백성을 다스리는 자는 콩을 소홀이 여기지 않아야 한다고 했다. 이익의 이러한 경각심은 지금도 논두렁을 방치해놓고 콩 심기를 게을리 하는 농경정책을 다시금 되돌아보아야 할 점이 있다는 것을 우리에게 말해주고 있다.

우리나라는 콩의 종주국이었던 만큼 우리나라 음식의 기초는 콩이었다. 콩 요리의 대종인 간장, 된장, 두부는 고조선 때부터 시작되었고, 콩나물도 우리나라에서만 생산된다고 한다. 우리나라에서 생산되는 콩의 종류가 얼마나 많은지 국어사전에 나오는 콩 이름만 해도 서른 가지가 넘는다. 몇 가지만 들어보면 '가나다라 강낭콩, 손님 오나 까치콩, 하나두울 다섯콩, 놀부집의 제비콩, 고양이 본 쥐눈이콩' 등등 처음 듣는 이름도 많다. 이렇게 많은 종류의 콩이 있는데도 심기를 게을리한 탓인지 어느 시기부터인가 콩값은 금값이 되어버렸다.

고기보다 콩을 좋아하였던 나는 초등학교 5학년 때 큰이모댁에 놀러갔다가 아침밥을 먹을 때 밥 속에 섞여있는 콩만 먼저 골라 먹었다. 그 모습을 보던 이종사촌오빠가

"어머니, 동생은 콩밥을 잘 먹어서 형무소에 가도 걱정 없겠죠?"라고 농담을 하다가 이모로부터 꾸중을 들었다. 이모님은 가족의 건강을 매우 중히 여기시어 가정교육과 영양관리를 철저히 하셨다. 외아들인 오빠가 콩을 매우 싫어했지만 항상 잡곡밥, 콩장, 두부 그리고 된장국 등 주로 몸에 좋은 콩으로 음식을 만드셨다.

이제라도 건강에도 좋고 다양하게 쓰임 많은 콩을 많이 재배한다면 외국산 콩이 점령하고 있는 우리나라 콩 시장에서 어느 정도 수요를 충족시킬 수 있을 것이다. 1987년 농산물을 수입할 때 여러 가지 사정으로 콩까지 함께 수입할 수밖에 없었다고 해도, 이제부터라도 정책적으로 수입했던 외국산 콩에 의존하기보다는 시대의 흐름에 맞추어서 우리 콩 생산정책과 증산정책을 시도할 때라고 본다. 콩은 우리 고조선시대부터 중요한 작물이었고, 많은 음식이 콩으로부터 시작된 만큼 콩을 이용한 다양한 음식을 새롭게 만들어서 지금이라도 콩 종주국의 위상을 되찾았으면 한다.

그런데 지금 농업정책을 보면 논두렁은 놀려두고 메주를 빌어먹고 있는 것 같아서 안타깝다. 콩은 우리나라에서 중요한 농산물 중 하나인 까닭에 지금이라도 농업정책에 그 가치를 반영시켜야 한다. 논두렁을 그냥 놀리지 말고 콩 생산을 늘리는 정책으로 방향을 바꾸어야만 한다. 물론 농촌 인구의 감소와 고령화로 인한 여러 가지 어려움은 있겠지만, '논두렁 놀려두고 메주 구걸'이란 과거 속담을 생각하면서 논두렁에 콩을 심어 생산량도 늘리고, 콩을 통한 건강한 식품 개발도 이루어졌으면 한다. ♣

노인의 길

커다란 여행 빽 속에 짐을 꾸리던 남편이 내 얼굴을 한참을 물끄러미 바라보더니 말한다.

"여보 우리 이렇게 얼마나 짐을 더 쌀 수 있을까?"

난 남편이 왜 갑자기 그런 질문을 하는지도 모르고 무심코 대답한다.

"글쎄 죽기 전까지는 다니겠죠?"

우리 부부는 명예 퇴임 후부터 년중 행사같이 매년 숙박비와 식비도 안 드는 딸집에 3개월 또는 더 이상 묵어지내면서 이곳저곳 그곳 현지 여행을 즐긴다. 올해도 2015년 1월 29일이 출발예정일이다. 이번엔 이종사촌동생 아들 장조카의 결혼식에 맞춰서 한층 더 부푼 가슴으로 준비를 하고 있는데, 남편의 짐 싸는 모습이 힘 빠진 것 같다.

"여보, 왜 힘이 들어요?"

남편은 아니라고 하는데, 여행을 할 때마다 신을 내던 작년과는 달리 좀 벅찬 모습을 보인다. 그동안 집에서 기르던 개인 '벨라'를 데리고 오라는 두 손녀의 등살에 거절을 못하고 데리고 간다고 약속을 했다. 그런데 그 작은 동물을 옮기는 절차가 이만저만 복잡한 것이 아니고 또 비용도 장난이 아니게 많이 나온다. 그런데도 많은 수고를 아끼지 않던 남편이 이번에는 '손녀와의 약속이 뭔지… 그것도 화물칸에 싣고 간다니 '벨라'도 걱정되고 참…' 하고 말하면서 좀 지친 표정이다.

예전에 나를 따라 명퇴하려는 남편에게 좀 더 했으면 하고 권유했었다. 그랬더니 3개월 뒤에 나를 따라 명퇴를 했다. 그러면서 '함께 여행을 다니려면 한 살이라도 젊을 때 해야 한다'고 했다. 퇴임 후에 우리 부부는 여행을 즐기며, 알맞은 나이에 많은 곳을 다닌다. 1991년에 미국으로 유학을 떠난 작은 딸이 그곳 미국시민이 되고 보니, 우리는 한층 더 신나게 딸집으로 여행을 떠났다가 돌아오곤 한다. 나이가 들어가면서 이런 즐거움조차 없었다면 시간이 매우 지루했을 것이다.

그런데 요즘 들어와서 자주 깜박깜박 한다. 그동안 주기적으로 다녔던 병원 가는 길도 항상 남편 뒤만 따라가곤 했는데, 앞으로는 스스로 앞장서서 가려는 노력도 해 보려고 한다. '걸어서 세계 속으로'라는 세계여행 프로그램을 즐겨보는 남편은 함께 갔던 명소가 나올 때마다 테스트하며 내 기억을 되살리려고 노력한다. 기억력이 아른아른해가는 나를 감지한 듯 내게도 자주 묻고 가르쳐준다.

"여보, 헬싱키는 어느 나라에 있지?"

"저기 간 곳인데 어디인지 알지?"

만년 젊게 살고 싶고 오래 기억하리라 했던 것들을 이제는 하나씩 잊어가는 것이 안타깝다. 지난날을 뒤돌아보면 어른들이 하던 행동 중에서 싫어했던 일이 몇 가지 있었다. 그런데 어느새 나도 좇아서 그대로 하고 있다. 주방에서 해야 할 일을 넓은 주방을 놔두고 거실로 들고 들어와서 신문지를 깔아놓고 시금치를 다듬던 일이나, 빨래를 차곡차곡 개어 마루 소파에 쌓아 놓던 내 엄마를 그대로 따라하고 있다.

이제는 한 술 더 떠서 나는 안방 침실에 도마까지 들고 들어와 잡채 꺼리를 다듬고 자르고 있다. 아이러니한 일이 아닐 수 없다. 어떻게 내가 하지 말자고 했던 것을 똑같이 하고 있는 내 안에 사람은 누구일가? 난 엄마의 그 나이 그때의 심정을 파악 못했다. 그래서 그런 행동들이 어떤 연유가 있음을 이해하려 하지 않고 그저 싫어만 했던 것이다. 그런데 이렇게 엄마 흉내를 내면서도 내 행동은 고쳐지지 않고 반복되고 있다.

한때나마 전철 내의 노인석도 이상한 냄새가 나고, 또 하얀 머리의 노인을 보면 엄마 생각도 나곤 해서 싫었다. 그래서 노인석을 피해 일반 좌석에 서서 가기로 생각 한 어느 날, 한 청년이 벌떡 일어나며 앉으라고 권했다. 나는 정색을 하며 싫다고 비켜서서 '괜찮아요'라고 말하자, 그 청년은 많이 당황한 듯 했다.

그 후로는 오래도록 계속 일반석에서 고개를 번쩍 들고 서서 있거나, 또는 문쪽으로 바싹 다가서서 좌석 양보를 안 받으려고 안간힘을 썼었다. 또 어느 날은 비워진 한 좌석을 보며 내 근처 입석에 서 있는 사람들을 빙 둘러보기까지 했다. '어디에 노인이 서 있나?' 하고 생각하면서. 그런데 그 사이 세월이 많이 흐른 것 같다. 이젠 자연스럽게 노인석을 찾아가서 앉는다. 전철역 프랫트홈에서 대기할 때도 노인 표시가 있는 1-1 또는 1-4, 이렇게 뒷자리에 1과 4만 표시된 곳을 찾아가 기다린다.

자꾸 잊고 기억력이 저하됨은 이승을 이별하기 위한 예행 연습이라고 한다. 그렇지만 정신 차리고 노인 같은 행동을 하지 않으려 노력해본다. 모든 이들은 과거를 돌이킬 수가 없으니 나이가 들어갈수록 과거를 뒤돌아보며 다른 이들을 이해하고 보듬으며 먼저 손을 내밀고 용서를 해야 한다고 생각한다.

언젠가 들었던 스님 말씀이 생각난다. 지나간 과거를 묻는 것은 부질없다. 시간은 양적인 길이이지만 의미의 길이기도 하다. 시간이 의미가 될 때 시간은 언제나 현재가 되고 영원이 된다. 시간을 끊임없이, 의미로 창조해 나가는 사람에게는 시간은 자신이 지닌 소중한 가치를 내어준다. 그것이 바로 행복이라는 것이다. 그러므로 행복한 사람의 나날은 날마다 좋은 날이 될 수밖에 없을 것이다. 우리 모두는 행복한 삶을 원하기에 날마다 좋은 날이 되기를 기대해본다. ♣

문화인과 금연(禁煙)

'문화'라는 낱말을 사전에서 찾아보면 문명이 발달되어 생활이 편리하게 되는 일 또는 향상을 꾀하는 인간의 정신적 활동이라고 적혀져 있다. 그리고 '문화인'은 수준이 높은 문화생활을 영위하는 사람이라고 적혀 있다. 학자니 예술가니 하는 호칭은 외국말에도 있지만, 문화인(文化人)이라는 인간 분류법은 아마도 우리나라밖에 없을 것이다.

지금 우리가 쓰고 있는 문화란 말도 1백 여년 전 일본이 서양문물을 받아들이는 과정에서 만들어낸 말이다. 따라서 문화인이라고 하면 서양학문이나 서양예술을 하는 창백한 얼굴의 지식인이 연상된다. 그런걸 보면 문화란 말에 따른 우리 한국인의 서구(西歐)에 대한 사대적인 잠재의식이 반영되어 나타난 말이 문화인이 아닌가 싶다.

서울의 어떤 동네에 '文化 보신탕'집이 있다는 소문을 듣고 그곳에 가본 적이 있다. 가서 보니 간판 그대로 문화의 향연을 펼친 분위기였다. 그 식당에 온 사람들은 문화인이라기보다는 야만인처럼 보이는데도, 그 집에서는 들릴 듯 말 듯 클레식 음악이 은은하게 흘러나온다. 주인이 음악에 조예가 있었던 분인지 클레식도 비발디, 바하, 모차르트 등 대위법을 바탕으로 한 고전파 음악만을 틀고 있었다.

그런데 만약 모차르트가 이 사실을 알았다면 기절초풍하지 않았을까. 아무리 가난하게 살 때라도 모차르트는 개를 곁에서 떠나보낸 적이 없었다. 그런데 문제는 '문화'와 '보신탕'은 별반 인연이 없는 결합인데 집주인이 이름을 그렇게 지은 까닭이 궁금했다. 아마 서양음악이라는 문화적인 요인이 접합제 구실을 한 것은 아닐까.

세계인들이 모이는 큰 축제가 대한민국에서 있을 때마다 꼬리표같이 따라다녔던 보신탕 때문에 그동안 많은 논란이 있었다. 그때마다 애완용이 아닌 사육견이라고 우겨가면서 적당한 말로 모면하였다. 건강을 위해서는 물불을 가리지 않는 우리나라 사람들에게 내 몸 보신을 위해 보신탕을 먹는 생각을 없애기는 힘들 것이다. 또 서양인들이 비판한다고 해서 야만인 취급하면서 먹지 못하게 하기도 힘들다.

하지만 수많은 애견가들도 있는데, 보신탕을 파는 집에서 클래식 음악을 틀어준다고 하여 문화라는 이름을 함께 쓴 상호는 '신사복에 상투를 튼 격'이 아닌가 싶다. 오히려 건강을 지킬 수 있는 보양식을 챙기는 차원이라면 야만인이라고 할 수는 없어도 문화인이라고 하기는 힘들 것 같다. 그래서 상호를 다른 이름으로 바꿔 붙여야 하지 않을까 생각한다.

언젠가 신문기사에서 본 내용이다. 유명한 영화배우 '제래미 아이언스'가 '다이애나비'의 자선 행사에 초대를 받고 참석했다고 한다. 다이애나비가 애착을 가졌던 유방암 연구 지원행사로 수많은 사람들이 모여있는 자리에서 배우 제레미는 다이애나비 옆에 앉아 있었다고 한다. 그는 그동안 마음만 먹으면 금연을 할 수 있다는 사실을 입증하기 위해 담배를 끊었던 몇 해를 제외하고는 틈만 나면 잎담배를 즐겨 피운 사람이었다.

그날 영국의 여왕 폐하가 축배를 든 다음에는 담배를 피울 수 있었지만, 식사 자리가 생략되어 피울 수가 없었다. 그래서 배우 제레미는 '기회를 봐서 담배를 피워야지' 하면서 왕세자비에게 조심스럽게 물었다고 했다.

"담배를 한 대 피워도 괜찮을까요?"

이렇게 말하면서 한 마디 덧붙였다.

"연기가 싫으시다면 피우지 않겠습니다."

그러자 왕세자비는 조심스럽게 대답을 했단다.

"괜찮지만 건강을 위해서 피우지 않는 게 ⋯."

그는 왕세자비의 대답에 '백번 옳은 말이긴 하지만, 직업상 스트레스가 많다보니 담배가 절실 할 때가 있다'고 말한 후에 담배에 불을 붙였단다. 그러자 그걸 기점으로 해서 이곳저곳에서 안도의 한숨을 내쉬었고, 곳곳에서 담배연기가 모락모락 샹들리에쪽으로 올라갔다고 했다.

그런데 다음날 신문에 대문짝만하게 기사가 나왔단다. 이런 모습을 질타하는 글과 함께 왕세자비 옆에 앉은 제레미의 모습도 그대로 나온 것이다. 그런 수모를 겪은 후 제레미는 '아름다운 여성 앞에 앉은 영광을 누릴 때는 담배를 찾기보다는 여성에게 더 집중하자'는 교훈을 얻었다는 것이다. 나는 그 기사를 보며 자신의 건강을 위하여 담배를 삼가는 쪽을 생각하고 건강에 집중하라는 말을 하고 싶었다.

담배는 백해무익하며 주위 사람들에게까지 피해를 주고 때로는 목숨까지 노리는 중독성이 있다. 그래서 처음부터 시작을 하지 않아야 하는데, 한번 시작하게 되면 끊기가 매우 힘들다고 한다. 사람들이 많이 모이는 큰 도시에서 매연에 의해 쓰러지는 사람까지 나오는 나라도 있다고는 하지만, 담배를 피운다고 하여 잡아가는 나라는 아직 없다.

간접흡연이 직접흡연에 못지않은 피해를 준다고 방송에서 아무리 떠들어도 아무렇지도 않게 담배를 피우는 사람들이 많다. 또 담배를 피우면 나쁘다는 표어나 그림을 담배갑 표지에 표시한다고 해도 여전히 담배를 피우는 사람은 많다. 담배를 피우는 것은 그 사람들의 선택이기 때문에 아무도 그 선택을 막을 수 없는 것이다.

미국의 일부 도시들은 공공장소에서 금연표시를 해 놓고 있다. 그런데도 공중전화 박스 같은 구역에서 담배 피는 사람들을 가끔씩 볼 수 있다. 그걸 보면 매우 불쌍해 보이고 수치스러울 정도로 모욕감을 받을 것 같다. 그런데도 그들은 원숭이 재주 피는 모습으로 그 치욕스러운 모습을 보여주고 있다.

이제 우리나라에서도 지역마다 금연구역을 정하는 장소가 생기기 시작하고 있다. 서울의 강남구는 2012년 9월14일부터 영동대로 옆의 코엑스와 파르나스호텔 일부를 금연구역으로 정해놓았고, 이를 시작으로 하여 점차 확대시켜 가고 있다. 국내외 관광객과 코엑스를 방문하는 외국인들이 많을 뿐만 아니라 국내외 각종 전시회와 박람회가 자주 개최되는 그 지역에는 흡연에 취약한 유아나 어린이들, 청소년들의 단체 방문이 잦다. 따라서 이 지역을 시작으로 하여 금연지역을 넓혀나가는 것도 매우 중요하다고 생각한다.

지금도 길에서 담배를 물고 다니며 피는 사람들 땜에 주위의 수많은 사람들이 호흡 곤란의 피해를 당하고 있다. 그러한 행위를 막을 법이 없으니 나는 되도록 피하려고 하나 쉽지가 않다. 멀리서 담배를 피운다고 해도 공기의 흐름으로 인해 매연에 고통을 주변 사람들이 수없이 당하면서 살고 있는 것이다. 또 다 핀 담배꽁초를 길에 거침없이 버리는 사람도 있고, 일부 운전자들은 운전하면서 피우던 담배의 재를 열린 창문 밖으로 날리는 악습도 가끔 볼 수 있다. 이런 사람들은 아무리 지식이 많다고 해도 지성인이나 교양인이 될 수 없을 것이다.

금연하는 모든 분들은 자신의 건강과 이웃의 건강까지 생각하는 사람들이다. 금연한다는 것은 남에게 피해를 주지 않으려는 마음이 담겨져 있고, 그와 함께 더불어 살 수 있을만큼 맑은 공기를 만들어낸다. 그래서 담배를 피우지 않기로 스스로 결정을 내려 금연을 하는 사람들을 난 문화인이라고 불러주고 싶다. 문화인은 수준이 높은 문화생활을 영위하는 사람이고, 금연은 법으로나 또 어느 누구도 강요하기 힘든 개인의 선택이기 때문이다. ♣

소통을 위한 노력

전철 속에서 많은 사람들이 휴대폰을 들여다보며 카톡을 하고 있다. 특히 젊은 층일수록 80%가 넘게 열심히 카톡이나 컴퓨터를 열고 일한다. 물론 개중에는 게임 또 영화를 즐기는 이들도 있다. 하지만 거의 많은 수의 사람들은 카톡으로 멀리 있는 친구 또는 애인한테 문자로 소식을 보내며 웃고 때론 슬픈 소식에 눈물도 흘리는 빠른 정보 사회에 사는 문명이기를 만끽하며 현대를 살아가고 있다.

나도 그 중의 한 사람으로서 전철 속에서 원고 정리하던 시간을 카톡 찍기로 바꿨다. 긴 시간 모르는 사람과 마주 앉아서 부딪치는 시선을 피할 수도 있어 좋고, 소리 내지 않고 통화를 대신하니 좋고, 멀리 또는 세계 각국에 사는 친척, 딸들, 친구, 손녀에게 우표 안 부쳐도 즉각 빠르게 전송되니 너무 좋았다.

문자 메시지나 카카오톡 같은 메신저에 익숙한 일부 10대, 20대들에게는 전화 울렁증이 있다고 한다. 전화를 받을 때 공포증까지 있어 가족들에게까지 메시지로 의사전달을 한다고 한다. 나는 울렁증은 아니지만 가족만 빼놓고는 전화를 할 때마다 '뭐라 말하나?' '약속을 당장 해야 하나?' 하는 생각이 들면서 바로 정리가 안되고 대답을 하기 어려울 때가 많다. 그래서 문자가 전화보다는 생각 할 여유도 있고, 준비한 대화내용을 천천히 글자로 표현할 수도 있고, 또 시간이 날 때는 받았던 메일을 꺼내어 읽어볼 수 있어서 더 좋다.

문자나 카카오톡은 전화처럼 부엌에서 설거지하다가, 또 욕실에서 머리를 감다가 받을 일도 없을 테고. 특히 곤하게 자는데 벨소리에 깰 필요도 없을 테니 얼마나 고마운지 모른다. 그동안 왼손 엄지손가락으로 찍어대는 속도가 20대 같다는 과찬의 소리가 듣기 좋아서 무리하게 사용하다보니 요즘에는 병원 신세까지 지게 되면서 이제는 오른손으로 조심스럽게 하고 있다.

물론 문자를 집안에서 가족끼리 대화수단의 방법으로까지 사용하는 것은 문제라고 생각한다. 그러나 시간과 돈까지 절약하며 문명의 혜택을 누리는 것은 큰 기쁨이다. 문자로 예약하고 시간이 될 때 전화를 걸면 소통에 아무런 문제가 없다. 얼마나 편리한 세상인가!

하지만 사용하기까지 자신이 준비할 시간이 필요하다. 준비의 노력이 싫다고, 전철 안에서 시간 절약하는 그들에게 시끄럽다고 짜증을 내는 사람이나, 소음을 줄이지 않고 사용하는 품위를 갖추지 못한 사람들은 모두가 좋은 세상의 흐름을 역행하는 것 같다. 휴대폰 들고 다니는 사람을 흉보는 것은 시험공부를 집에서만 하던 양반을 풍자하는 것이다. 우리도 전차, 버스, 화장실 안 또 걸어가면서도 단어를 외우지 않았던가? 그래서 나는 이처럼 좋은 세상에 살고 있음에 감사한다.

스마트 폰으로 카카오톡을 치다가도 때와 경우에 따라서 다시 전화를 쓸 수 있는 것 같이 세상은 예쁘고 잘난 미인만 스타가 되는 건 아니다. 못생긴 자라도 나름대로의 장점을 찾아서 노력하는 자만이 살아남는다. 세계를 한방에 강타한 '싸이'를 봐도 그렇다. 그가 그리 잘 난 것도 아니고 그렇다고 뛰어나게 가창력이 있는 것도 아닌데 그의 장점인 몸흔들기로 세상을 흔들어 놓았다. 기다리지만 않고 자기 발전을 위해 노력하는 '싸이'같이 승리하는 삶을 살기 위해서는 노력하는 자가 돼야 한다고 생각한다. 한번 미인이 영원한 미인은 아니다.

13살이 갓된 고사리 같은 손에 들린 아이스케키통, 힘겨운 목소리로 크게 외쳤던 피난시절, 부산 국제시장에서 아이스케키를 팔던 맏오빠의 '아이스케키 아이스케키' 소리.

노량진 시장에서 찹쌀떡을 네모난 목판에 가득 담아 길다란 헝겊끈을 어께에 동여 메고 걸어서 5~6Km나 되는 영등포 시장까지 가서 팔던 13살 소녀. 누가 이들을 장사터전으로 내보냈던가? 그들은 부모와 형제를 위해서 책임감 때문에 스스로 짐을 진 것이다. 이들 같은 맏오빠와 맏언니가 있었기에 아우들은 우뚝 솟을 수 있었다. 맏오빠, 맏언니들의 도움을 받아가며 공부했던 아우들도 향학열이 대단했고, 그 시절에 고생했던 그들은 아우들의 위대한 본보기였고, 스승이고 생활의 기초석이였다.

그러나 세월이 흐른 뒤에 기억하는 부분은 모두 다르다. 등록금을 대준 누나는 내준 돈 액수를 오래 기억할 것이고, 공부만 하던 아우는 자신이 힘들었던 때만 생각할 것이다. 혹시 즐기는 음악이라도 있었으면 그 부분도 기억하겠지만 모두들 자기 능력만큼 일을 해서 그 시기를 보냈다고 하더라도 다만 자기가 힘들게 넘긴 상황만을 기억할 것이다. 모든 것을 함께 보냈다거나 생활을 했다고 해도 다 기억하기는 어렵고 특별한 것만 기억하기에 각자가 기억하는 부분은 다른 것이다.

이처럼 모든 세상 사람들의 생각은 자기중심적일 수밖에 없다. 나를 포함한 모두가 그렇다. 사람은 자기자신을 제일 사랑하니까 자기 앞에 놓인 모든 어려움을 자기중심으로 기억하게 되며, 자기가 겪은 어려움이나 슬픔이 제일 크고 힘들었다고 기억할 수 밖에 없는 것이다.

나이가 들고 보니 이 모든 것이 이해가 되고 각자의 고통의 크기가 각자 다르더라도 자기 것이 제일 크게 느꼈음을 이해하게 된다. 그래서 이제부터라도 다른 이들의 이야기도 잘 들어주고, 그분들의 아픔을 보듬어 주려고 마음먹었다. 내가 15년이나 20년 이상 나이가 어린 사람들이 느끼는 상황을 알 수 없고 또한 느낌도 다르니까 그 사람들의 의사를 존중하면서 믿어주기로 한 것이다.

내 사랑의 크기를 자로 잴 수는 없지만 앞으로 내 가슴보다 더 큰 사랑의 가슴으로 상처받은 영혼들을 보듬을 수 있는 내가 되기를 바란다. 노인정에서나 또 길에서나 노인들은 여기저기서 할 일 없이 돌아다닌다. 그 분들이 젊은 사람들에게 치이게 하지 않는 것도 내 본분 같다 싶어 상처받은 그들의 영혼을 찾아서 내 사랑을 전하고 싶다. ♣

네 잎 크로바 모임

2015년 1월 14일은 한 달에 한 번씩 만나는 '네 잎 크로바' 친구 모임이 있는 날이다. 토요일인 이날 낮 12시에 난 친구들에게 '개피사탕' 강의를 할 생각이다. 그 생각을 하니 마음이 들뜬다. 우리 친구들은 초등학교와 중고등학교 그리고 모든 공부를 마친 후에 38년간 교직생활까지 같이 한 사이이다. 형제보다 더 오래 가깝게 살았고, 희노애락을 함께 하면서 지낸 친구들이어서 남편들까지 모두가 한 둥우리 속의 일원이 되었다.

지척이 천리라 했건만 우리 벗들은 모두 옹기종기 강남지역에 함께 모여 살고 있다. 그래서 아플 때나 즐거울 때 곧장 한걸음에 달려 올 수가 있다. 이제는 소중한 친구뿐이 아니라 남편들까지도 벗으로 삼아 살고 있으니 어찌 부자가 아니겠는가. 욕심을 내려놓은 사람이 가장 부자라 했다. 그동안은 생활에 여유로움보다는 생존에만 매달려 온 시간이었다. 이제부터라도 욕심을 버리려고 노력하면서, 수고한 만큼 마음의 부자가 되어 살고 싶다.

이번 모임에서 내가 친구들에게 들려줄 '개피사탕'도 우리말 표현과 관련이 있다. 우리가 길을 걸어갈 때 길가의 높이 달려 있는 음식점 간판들을 보면 무섭고 징그런 느낌이 나는 간판 제목들이 있다. 가령 '할머니 뼈다구 해장국' '할머니 산채 비빔밥' 같은 간판 제목들이다. 내가 친구들에게 들려줄 내용도 그와 같은 것이다.

프랑스에서 태어난 우리교포 '몰린'이 대기업에 입사하였다. 입사 첫날 부서 담당과장이 '몰린'을 비롯한 직원들에게 점심을 내기로 했다. 식사 후에 과장이 계산을 끝내며 계산대 앞에 있는 계피사탕을 보고 아직 우리말이 서툰 몰린에게 말했다.

"몰린, 식후인데 개피사탕 하나 먹을려나?"

개피사탕이라는 말에 놀란 몰린이 물었다.

"네? 한국에서는 소피를 먹는다고 들었는데 개피까지 사탕으로 만들어 먹어요?"

이에 과장 왈,

"그럼, 눈깔사탕은 어떤가?"

이 말을 들은 '몰린'은 또 한 번 놀란다.

"눈깔은 그럼 누구 눈입니까?"

과장은 몰린을 놀려주기 위해 더 그럴 듯하게 말한다.

"응, 사장의 눈을 몰래 빼왔지. 왜 그리 놀라나? 자네 너무 허약한가 보네. 저녁은 우리집에 가서 마누라 내장탕을 먹어야 하겠네."

이 말을 들은 몰린은 뒤로 넘어질 뻔 했다.

우리 친구들은 만날 때마다 서로 반가워서 함께 웃고 기뻐서 껴안는다. 오늘은 모든 준비를 우리 부부가 하기로 했기 때문에 준비한 음식이 부실할 듯해서 웃음으로라도 배부르게 하자고 전략을 세운 것이다. 이 웃음전략이 바로 개피사탕이다. 그 전략이 먹혀들어 갔을까? 모두 너무 배를 잡고 웃는 바람에 주름이 몇 개씩 더 늘어 가는 것도 개의치 않고 시간가는 줄 모르게 웃는다. 우리 친구들에게 '어떤 이야기를 하여 한바탕 웃게 만들고 주름살을 하나씩 늘려가게 할 수 있을까?' 하고 생각하면서 고민했던 일이 준비가 잘 되어 그날 모임에서는 주름이 아마도 3개씩은 더 생긴 듯하다.

식사를 마친 후에 나는 크로바 친구 부부들이 더 즐겁게 보내도록 하기 위해서 미리 마련해둔 노래방으로 모두 자리를 옮기도록 했다. 손님 치를 준비 차 먼저 가야 한다던 한 친구도 결국 주저앉아 추억에 어린 옛 노래를 부른다. 모두가 합류해서 콧노래를 부르며 흥이 나는 분위기가 이어진다. 친구 남편들도 청춘으로 돌아가는 듯 목청 높여 노래를 부른다. 인생의 주름은 뉘엿뉘엿 몇 고비를 지났건만 노래 소리는 아직도 청년같이 우렁차다. 100점이 나올 때마다 좋아하면서도, 기계가 엉터리라며 계면쩍은 듯한 표정을 짓기도 한다.

즐거워하며 노래 부르는 그들의 모습에서 마음들은 아직도 때 묻지 않은 동심을 지닌 20대 청춘인 것 같다. 남편은 노래방만 들어오면 자기가 작곡하여 교과서에 수록된 노래인 6학년 '별'과 '숫자놀이'등 노래방 기기에 수록되어 있는 자기 노래를 잊지 않고 꼭 한 번씩 열창하여 100점을 획득한다. 우리는 마지막으로 한 친구의 18번인 '빨간 립스틱'을 끝으로, 미국에서 오는 5월에 다시 만나기를 약속했다.

'벗이 있어 천리를 멀다않고 찾아오니 아니 즐거운가.'

논어에 나오는 이 말처럼 난 친구가 있어 함께 먹고 마시고 함께 웃을 수 있어서 무척이나 행복했다. 내 것이 되어도 내 마음대로 할 수 없는 것이 마음이지만 앞으로도 세속에 젖은 내가 더 말끔히 순화되어 앞으로 삶이 더 내려놓는 삶으로 행복을 더 찾아보고 싶다. 모든 세상 일이 뜻대로 이루어지는 것은 아니라지만 '사람은 마음먹은 만큼 행복하다'고 한다. 그래서 이제는 자주 이런 즐거운 시간을 갖기에 노력해야지 하는 생각을 한다. 한 달에 한번씩 만나던 네 잎 크로바 친구 모임도 더 자주 만나자고 건의할 생각이다. 우리는 헤어지면서 서로 "건강하게 지내자"라고 말하면서 손을 흔들었다.

아름다운 삶은 수명의 길이로 재는 것이 아니라 질로 평가한다고 한다. 우리들이 지금까지 쌓아온 인생의 흔적들을 뒤돌아보면 '수명' 뿐만 아니라 '질'로 보아도 아름답게 잘 살아왔다는 생각이 든다. 나는 내 옆에 건강한 남편과 가족이 있고, 자매 그리고 소중한 오랜 친구들이 있다는 사실에 자랑스럽고 복을 받았다고 생각한다. 그래서 너무나 감사해서 하루에도 수없이 읊조린다.

"감사합니다, 감사합니다. 하나님!" ♣

팔 굽혀펴기 열다섯 번

가난하다고
다 인색한 것은 아니다
부자라고
모두 후한 것도 아니다
그것은
사람의 됨됨이에 따라 다르다.

인색함은 검약이 아니다
후함은 낭비가 아니다
인색한 사람은
자기 자신을 위해 낭비하지만
후한 사람은
자기 자신에게는 준열하게 검약한다.

사람 됨됨이에 따라
사는 세상도 달라진다.
후한 사람은 늘 성취감을 맛보지만
인색한 사람은 먹어도 늘 배가 고프다
천국과 지옥의 차이다.

이 시는 박경리 작가의 '사람 됨됨이' 라는 시에서 인색함과 후한 것을 말한 앞 구절과 맨 뒤 두 구절을 옮긴 것이다. 이미 고인이 되신 그 분의 시를 읊노라면 콧등이 시큰거려 진다. 살아온 자신의 뒤를 돌아볼 기회를 갖게 되고 다가올 인생에 부담감으로 남곤 한다.

또, 방금 배달된 신문에서 본 '편지'라는 글의 일부분도 여기에 옮겨본다.

만 오천 원 월급 받는 조교와 결혼해 '서교동 달동네'서 40년을 살았죠, 참 많이 싸웠고, 살 만 하니 아파요. 어느 날 은퇴한 남편 손을 봤어요. 생각보다 작아 콧등이 시큰했죠. 사랑하며 살기에도 짧은 인생입니다.

우리나라는 지금 갑작스럽게 준비도 없이 찾아와서 겪고 있는 고령사회의 현실을 어찌 해야만 좋을까? 국민 전체의

성실함 그리고 대한민국 아줌마들의 자녀 교육에 대한 열성은 대한민국만이 받을 수 있는 하나님의 축복이었다. 자원도 없는 나라에서 일제 강점기를 거쳐 해방 후 바로 발발된 6.25 전쟁과 같은 계속적인 불운(不運) 중에서도 잿더미 속에 핀 장미처럼 안정을 찾아가며 앞으로만 달려왔다. 너무나 급하고 빠르게 달리느라고 허리 펴고 제대로 쉬지도 못했는데, 뒤이어 따라온 것이 예상하지 못했던 노인문제이다.

우리 대한민국은 수백 년을 걸친 서구의 근대화를 불과 수 십 년만에 해치운 압축 성장을 했다. 그 과정에서 고독할 틈도 없었고, 고독이란 말은 사치스럽게 생각한 낱말이었다. 하지만 지금 여기 수많은 사람들이 고독하다고 자살하는 빈도(頻度)가 날로 심각해지고 있다.

오랜 시간동안 성장해온 모든 선진 국가들은 조금씩 시행착오와 함께 개선 방법도 있었고, 또 각 개인들도 긴 세월동안 보고 느끼며 변화된 사회에 적응해 가려고 많은 방법을 터득하면서 살아왔을 것이다. 이웃나라 일본은 일찌감치 고령화 사회에 진입해 고독을 당연하게 맞이하면서, 외로우면 안 되는 '고독저항 사회'의 적응력을 한국에서 열심히 '경조사' 챙기듯 하였다고 한다.

그동안 어려운 이웃, 또 가난한 사람들도 못 도와주며 자기 위주로만 살아왔던 우리들이었다. 검은 머리 파뿌리

되도록 살기를 원했던 시절, 막상 그 시기가 현실로 도달했을 때 새로운 2차적인 문제가 발생되는 것을 아무도 예측하지 못한 것이다.

이제 한 고개 넘고 좀 쉬어 가렸더니 천국과 지옥의 갈림길에서 누군가 손 잡아주길 바라는 사람들이 늘어나고 있는 것이다. 한 사람이 떠난 빈자리를 홀로 지키면서 어떻게 외로워서 10년 20년을 살겠냐면서 먼저 보낸 짝을 따라서 떠나는 사람들이 늘고 있다. 혼자 남은 노인들이 일찌기 취미생활 하나라면 제대로 했었더라면, 아니 진작 홀로 살 수 있는 준비를 했었더라면 그렇게 고독하지는 않았을 것이다.

이제와서 후회 한들 무슨 소용이 있을 것인가. 어느 묘지에 가서 보니 비석에 '껄 껄 껄'이라고 써 있다. 웃음소리가 아니고, 진작에 할 껄 그랬다는 말이란다. '무얼 할 껄'을 여러 번 표현한 것으로, 후회를 나타낸 준말이라고 한다.

'세상은 불공평해도 세월은 공평하다'라는 어느 교수가 하던 이야기를 곰곰이 생각하며, 그 말이 진리임을 깨닫게 된다. 무계획이 계획이듯이 그냥 세월을 보내지 않고 시간을 잘 나누어서 할 일을 진취적으로 해 나간다면 한 달 후 또 일 년 후에는 많이 달라져 있는 나를 발견하리라고 본다. 무료하게 시간을 보내면서 '나는 고독하다'라고 말하게 되는 것조차 잊게 될 것이다.

20여 년 전에 퇴임한 어떤 분은 하루는 명문 대학 인문 강좌 및 문학 강의를 듣고, 또 하루는 등산을 하고, 주일에는 종교 단체 봉사 등등으로 일주일을 하루도 빈 날 없이 다니다보니 바빠서 아플 시간도 없다고 말한다. 또 실버카드 한 장이면 가고 싶은 데를 마음대로 갈 수 있으니까 너무나 좋다고 한다. 맞는 말이다. 외로울 시간은 자신이 만들기에 따라서 달라진다.

한 시인은 운동을 하루도 빼지 않고 열심히 하여 몸매가 젊은 미스들도 부러워 할 몸을 유지하니 보기에도, 건강에도 좋고 가벼운 몸으로 날아다녀 모든 이들에게 부러움의 대상이 되고 있다. 물론 무용과 출신으로 단련된 몸이긴 하지만 70이 넘으면 흐트러지기도 하는데 그 분은 늘 '그' 자리이다. 쓸쓸하고 외로울 때엔 '창작시'를 쓰거나 '그림공부'까지도 한다니, 스스로 자신을 개발하며 외로움을 떨쳐내는 고수이다.

그 분도 얼마 전에 막둥이를 출가시켜 내보냈다. 얼마나 허전할까 염려되어 '아들 신발은 현관에서 치우지 마세요' 하고 권해 드렸다. 늘 함께 기거한다는 착각으로 기쁨을 항상 공유하게 하려는 뜻에서 넌지시 권해드린 거였는데, 요즈음에도 그리 하시는지 물어봐야겠다.

만약 그래도 허전하시거나 외롭게 느껴진다면, 팔굽혀펴기 열다섯 번이면 다 해결 된다고 알려주고 싶다. 그리고

이제부터라도 나 또한 후한 사람의 성취감을 맛보고 싶어 인색한 삶의 짐을 내려놓으려 한다. ♣

오래 살고 싶은 까닭

'힘겹게 노래하는 엄마의 모습은 초겨울 찬 서리 맞아 다가가도 날지 못하던, 힘겹게 퍼득거리는 잠자리 날갯짓이 떠올랐다.'

'늪'이란 작품을 써와서 낭송하는 한 작가가 어머니를 표현한 구절을 들으며, 나를 비롯한 '한티골'문학회 글 친구 모두 눈시울을 뜨겁게 붉혔다. 노래를 부르시는 한 작가의 어머니를 머릿속에 그리며 마치 그분이 내 어머니로, 또 앞으로 나의 모습으로 상상이 된 탓인지 더욱 더 실감나게 느꼈다. 80세가 넘은 어머니를 몇 년째 수발하고 있는 한 작가는 요즘 어머니에 대한 사랑을 시와 수필로 표현하고 있다. 언제까지라도 어머니를 붙잡고 싶은 심정을 이처럼 애절한 글로 표현하여 곧 닥쳐오게 될 어두운 그림자를 쫓아내고자 하는 것 같다.

그 모습을 보며, '난 내 어머니께 어떤 딸이었을까' 하는 생각이 들었다. 12년 전에 돌아가신 우리 어머니는 73세부터 8년간을 병석에 계셨다. 그동안 나는 간병인의 도움만이 최상으로 여겼는데, 이제와서 생각해보니 당신 자신은 얼마나 불편하셨을까 하는 생각이 들면서 뉘우쳐진다. 그 무렵에 오랜만에 집안 청소를 한 번 하려면 온 집안에 파스냄새를 풍기게 하는 나에게 엄마는 말하곤 했다.

"아이고, 두부살에 바늘뼈로 약하게 낳은 내 죄 땜에…. 내 막내딸 저 언내, 어쨌든지 빨리 내가 일어나서 일해야지."

이처럼 내 어머니는 병환 중에도 일 걱정, 자식 걱정 밖에 모르시던 분이셨다. 딸과 손녀들이 다 장성해서 각기 제 길로 찾고 난 뒤에는 텅 빈 집을 홀로 지키시면서 얼마나 외로웠을까? 엄마의 건강을 제대로 살펴드리지 못해 80세 겨우 넘긴 즈음에 이승을 하직하신 것 같아서 마음이 아프다. 그러나 지금 내가 무엇을 해드릴 수 있단 말인가. 부모님께 받은 사랑의 10분의 1만 부모님을 해드린다면 모두 효녀, 효자가 된다고 어른들이 늘 하시던 말씀이셨다. 그런데도 나는 부모님에게 받은 사랑을 내 자녀에게 주기 바빠하는 내리사랑만 소중하게 생각했다. 이처럼 못나게 살아온 인생이 여기 있는데 이 불효를 어디 가서 용서를 받을 수가 있을까. 어머니가 돌아가신 후 11여년이 지나서야 다시 생각하게 되는 나의 부끄러움을 새벽예배 때마다 회개를 했다.

숨 막히도록 더운 요즘에는 교회가 시원해서 좋고, 또 편하게 예배를 드릴 수 있어서 더욱 좋다. '나이는 숫자에 불과하다'라는 어느 광고처럼, 그동안 나는 나이를 생각하지 않고 젊은이들과 함께 지내고 있었다. 찬양이 끝나자 장례광고를 하시는 목사님 말씀에 새삼 귀를 기울이게 된다.

오늘 가신 권사님은 81세, 또 며칠 전 소천하신 집사님도 80세이다. 그리고 TV를 통해 가끔 보여주던 곱사춤을 잘 추던 공옥진, 그 분도 81세, 그리고 수필 '인연'을 쓴 피천득 작가도 81세로 2009년에 작고하셨고, '그해 겨울은 따듯했네'를 쓴 박완서 작가도 2011년에 81세를 일기로 작고했다.

박완서 작가는 수필에서 피천득 작가가 소년 같은 젊은 연세에 돌아가셨다면서, 81세의 나이로 이승을 하직했던 그 나이를 아까워했었다. 그런데 바로 그렇게 말씀 하신 박완서 작가도 아까운 그 나이에 가신 것이다. 그렇다면 100세가 곧 도래한다고 떠들던 사람들은 다 어디에 숨고, 모두들 다른 길로 걷고 있단 말인가.

어제 나는 선배 언니와 점심식사를 같이 했다. 점심식사 후 케익과 커피를 마시고 헤어지고 나서 돌아가는 선배의 뒷모습을 자꾸 뒤돌아보았다. 선배와 헤어지기 싫은 아쉬움보다는 대화 중에 계속 앵무새처럼 같은 말을 반복하던 것이 이상했고, 또 늘 밝은 웃음을 띠며 고급장교 부인답던 선배의 모습이 저 멀리 사라지고 없었기 때문이다. 선배는 미국에 있는 외동딸에게 가고 싶지 않다고 했다. 선배님의 나이도 아마 80세나 81세 언저리일 것이다. 내 주위를 둘러보니 많은 사람들 중 80세를 넘김 분들이 그리 많질 않다. 난 유쾌하지 않은 기분으로 무거운 발길을 옮기며 집으로 향했다.

평상시엔 더운 물만 좋아했던 나는 집에 도착하자마자 보리차에 얼음을 넣고 우두둑 씹으며 마셨다. 그 순간 울려오는 벨소리를 듣고 전화를 받으니 이종 사촌 언니였다. 집안의 가장 웃어른인 언니는 늘 우리 형제를 챙기신다.

"언니 오랜만이죠? 죄송해요. 제가 미국에서 온지 이제 보름 밖에 안 되어 전화로 안부도 못 여쭈었네요. 형부도 건강하시죠?"

언니는 82세, 형부는 85세이시다.

"시간 많은 사람이 하는 거지, 누가 먼저 하라는 법이 있냐?"

"언니, 건강하게 음식 잘 챙겨드시고, 오래도록 99,88 하셔야죠."

"아이, 징그럽다. 나무도 누렁잎을 따줘야 새순이 나온다."

그렇게 언니는 오래 사는 것을 부인하고 계셨다. 박완서 작가가 작고하기 일 년 전에 발표한 산문집에 보면 천주교 묘지의 김 추기경 묘지 가까운 곳이 내 묘지가 있다며 '당신 묘는 저승의 든든한 빽이 있다고 좋아하셨다'는 내용과 함께 다만 찻길서 묘까지 길이 가파른 것이 걱정스럽다고 한 내용이 나온다. '운구하다 관을 놓쳐 굴러 떨어지면 혹시 저 늙은이가 살아날까 봐 조문객들이 혼비백산할 테고' 하면서 '이건 이 세상에 대한 나의 마지막 농담이 되겠지' 라며 '실없는 농담 말고 후대에 남길 행적이 뭐가 있겠는가' 라고 토까지 다셨다.

또 마지막으로 펴낸 산문집 제목을 '못가본 길이 더 아름답다'라고 했는데, 그걸 보면 그분은 당신의 앞을 내다본

듯하다. 그 분은 박경리 작가의 유고시집 《버리고 갈 것만 남아서 참 홀가분하다》의 시 중에서 '일 잘 하는 사내'를 읽고 그와 새 세상을 다시 살고 싶어하신 그 선배님과는 달리 '나는 다시 태어나고 싶진 않고, 10년만 더 젊어질 수 있다면' 하고 표현하셨다.

어쩌면 80이란 숫자가 너무 가깝게 느껴져서 처음 목표했던 삶의 나이에 연연하여, '나이는 숫자에 지나지 않는다'라는 광고 문구에 마음을 빼앗기신 걸까? 박완서 작가는 10년을 더 산다면 '완벽하게 정직한 삶을 살고 싶다'라고 하셨는데, 나 또한 솔직한 표현으로 멋진 글을 쓰고파 더 오래 살기를 원한다고 하고 싶다. ♣

조상들의 지혜

내 주위에 어느 고급 공무원을 자식으로 두신 어머니가 계신다. 그 분께서는 아들의 뒷바라지에 온갖 힘을 쏟았고, 절약정신으로 일생을 살아오셨다. 기관장이 된 아들이 사는 관사에서 며느리와 함께 지내시는 그 분은 자기 아들의 팬티를 손수 세탁하여 빨랫줄에 널어놓고 말려야 직성이 풀리는 분이다. 어느 주일날 우리 일행이 예고 없이 그 분 집을 방문했던 때도 마침 그 팬티가 빨랫줄에 걸려 있었다. 우리 때문에 빨랫줄에 널린 옷들을 급히 치우려 하기에 내가 말했다.

"그냥 놔두세요. 저도 딸이나 손녀가 버리려는 내의를 제가 고쳐 입어요."

사실 우리 어머니 세대 때에는 집안 마당에 속옷을 널지 못하고 뒷마당 굴뚝 옆에 숨겨 말려 입었다. 그만큼 절약과 겸양의 미덕을 지니며 살아온 것이다. 풍부한 것이라고는 물 밖에 없는 이 땅에서 보리죽도 제대로 먹지 못하고 베잠방이 하나 제대로 걸치지 못했지만 억척스럽게 일해서 잘 살게 된 것이 아닐까.

팬티에 대한 생각하니 언젠가 겪었던 일이 떠오른다. 목욕탕에 갔다가 두 여자가 탈의실에서 알몸에 브래지어와 팬티만 걸친 채 아주 진지하게 나누는 대화를 우연히 듣게 되었다.

"팬티와 브래지어는 메이커 있는 걸로 사 입어."

"왜요?"

"인생이 바뀌고 팔자가 달라질 수 있어."

"어떻게요?"

그 여자가 하는 설명에 따르면 교통사고를 당해 응급차로 실려 갈 때 입었던 속옷으로 종합병원으로 가게 될지 아님 동네 작은 병원으로 가게 될지가 선택되어진다는 것이다. 그리고 사후에도 모든 처리와 대우까지도 달라진다는 이야기를 했다.

두 사람이 아주 심각하게 주고받는 이야기가 흥미도 있고 또 농담 같기도 해서 나는 바싹 귀를 기울이며 들었다. 그러다가 혹시 '저 여자들 중 한 사람이 메이커가 있는 란제리를 판매하는 분이라 판매 실적을 올리려고 수단을 부리는 건 아닐까?'하는 의구심까지 생겨서 더 바싹 다가앉아 그들이 하는 말을 들어보려고 했다. 그러나 그들이 곧바로 밖으로 나가는 바람에 더 이상 들을 수가 없었다. 아무튼 그 말을 들었을 때 나는 '아무리 그래도 그렇지. 교통사고를 예상하며 비싼 메이커 제품을 사서 입을 사람은 어디 있어? 각자 자기 형편에 맞게 사서 입는 것이지'하고 생각하면서 그냥 잊고 있었다.

그런 일이 있은 후 일 년쯤 지나 초겨울에 젊은이들과 함께 하는 문인 탐방여행을 갔다. 그때 그곳에서 후배들과 함께 사우나를 갔는데, 후배들이 지난해 목욕탕서 듣던 말과 똑같은 소리를 하였다.

그 말을 들으면서 난 혹시 내 팬티와 브래지어가 너무 이상해서 그렇게 말하는 걸까 하는 생각이 들어 내 몸에 걸쳐있는 팬티와 브래지어를 살펴보았다. 색깔이나 모양은 젊은이들이 입은 것처럼 화려하지 않지만, 그래도 내 딸들이 신경을 써서 보내준 것이어서 좋게만 생각되었다. 그래서 후배들이 하는 말에 끼어들면서 물어보았다.

"그게 뭔 소리야?"

"하 하 하. 선생님, 웃자고 누가 만들어 놓은 소리예요."

워낙 유머 감각이 없어서 상대방의 농담도 때로는 오해를 하기도 하는 나지만, 그런 농담은 좀 너무 한 것 같다.

한국 사람을 콩나물에 비유하는 사람도 있다. 콩나물이 내는 담백하고 시원하고 소박한 맛도 그렇고, 콩나물을 삶을 때의 모습이 닮아있다는 것이다. 콩나물이 다 익기 전에 뚜껑을 열면 비린내가 나는데 그런 점이 내성적인 모습과 닮아 있고, 특히 그 맛과 익혀내는 과정이 닮아있어서 콩나물을 한국 사람과 같다고 한다는 것이다. 어째서 한국인들의 정서에 안 맞는 그런 유머들이 나타나고 있는 걸까?

우리 선조들이 지닌 지혜와 나라를 사랑하는 민족정신을 물려받은 우리들이기에 오늘날처럼 부강해진 나라를 만든 것이라고 생각한다. 이제는 그동안 잘 먹고 잘 살기만을 추구한 결과 뱃살로 인한 비만이 나타나고 있다. 운동부족으로 생겨나는 이 비만이라는 원치 않는 친구 때문에 여기저기서는 전쟁까지 선포하면서 사투를 벌이고 있다. 헬스니 에어로빅이니 온갖 운동에 전념하는 사람들이 늘어나고 있는데, 이곳에 쏟아붓는 돈이 만만치가 않다.

그런 현상을 보면서 나는 우리 조상들이 해왔던 널뛰기를 생각해본다. 언젠가 본 자료이지만 대학교 체육교육과에서

실험해본 결과 널뛰기를 통한 1분간의 심박운동이 다른 어떤 운동보다 그 효과가 높다고 한다. 이렇게 효과적인 운동이고 우리 조상들이 즐겨했던 널뛰기를 그동안 우리는 잊은 채 지내왔다,

우리 조상들이 널리 해왔던 이 널뛰기를 되살리는 것이야 말로 과학적이고 창조적인 생각이 아닐까. 이제라도 돈이 들지 않는 이런 조상들의 지혜를 계승하여 널뛰기도 현실에 알맞는 운동기구로 제작하여 널리 활용했으면 한다. ♣

일본과 독일의 차이

일본은 이제 가라앉으려는 섬 땅덩어리가 불안한지 멀쩡한 독도를 제 땅이라 억지를 쓰고 있다. 이와 더불어 육지로 연결되어 있는 다른 나라들에 대한 침략을 생각하는지 헌법을 개정하여 군국주의로 되돌아가고자 하고 있다. 이처럼 다른 나라를 침략하기 위한 길을 치밀하게 준비해가면서도 일본의 아베 정권은 나라와 국민을 위하여 일한다고 말하고 있다.

지금 일본에서는 어린이들에게 자기 선조들이 저지른 잘못에 대해 인정하지 않는 마음을 심어주면서 야스쿠니 신사에 참배를 하도록 한다. 그리고 군국주의 침략주의 태평양 전쟁을 대동아 전쟁이라고 호도하면서, 자신들을 가해자가 아닌 피해자라고 주장한다. 또 비굴한 역사는 모두 거짓된

기록이라고 주장하면서, 전시에 망가진 배까지도 다시 복구하여 일본인의 자부심을 키워주고 있다.

쇼파에 앉아 이런 저런 일본에 대한 뉴스를 듣다가 깜빡 졸았다. 천둥 번개소리에 깨어나서 밖을 내다보니 억수같이 비가 쏟아진다. 모처럼 내리는 비 소리를 들으려고 거실 베란다 문을 열었다. 그런데 빗소리보다 더 큰 소리로 매미가 온갖 힘을 다해 울고 있다. 여름에는 아침부터 발기한 매미들이 짝짓기를 하느라고 보채더니만 이렇게 늦은 밤에, 아니 이제는 새벽녘인데 출근할 사람들의 고달픈 잠까지 빼앗아 가며 울고 있다. 매미 울음소리를 듣다보니 친구 시인이 쓴 시 한 수가 떠오른다.

어떤 천명
땅속 삶 긴긴 시간 고이고이 다듬다가
목청 돋워 열창 하네 얄미운 서울매미
짧은 생 기억해 달라 허물 두고 울음 두고
잠 깨우는 매미노래

하루하루를 무의식 속에 사는 우리들은 비가 올 때는 우산을 필요로 하지만, 비가 그치고 해가 나면 불편하고 거추

장스러워 우산을 치워버리고 싶어진다. 뉴스도 빗발치듯 떠들어대며 귀를 혼란시키는 것들은 안 듣고 싶다.

갑자기 뉴스 특보라는 큰 글자가 화면에 뜬다. 국민의 건강을 위협하는 황사로 공기가 많이 탁하니 외부 출입을 삼가라는 기사이다. 이어서 세상이 시끄럽다고 속세를 떠난 사람들이 중생을 위해 기도하는 게 아니라 도박에 눈이 어두워 '억대 판돈을 걸고 해외 원정까지 가서 수 십억원대 도박판을 벌였다'는 소식을 전하고 있다. 또 엄청난 비자금을 은닉하고는 '지금 나에겐 단돈 29만원 뿐이 없다'라고 하셨던 분에 대한 뉴스까지 나온다.

일본에서 대지진이 일어났을 때 일본 국민들이 단결하여 개개인의 가정에서 계량기를 측정하여 절전을 하면서 지냈다는 기사를 얼마전에 보았다. 발전기 고장과 여러 가지 이유로 부족했던 전기가 이처럼 온 국민이 합심하여 위기를 잘 넘겼다니 다행이라는 생각이 든다. 그러나 이렇게 나라를 위한 애국심이 계속되고 잘못된 교육이 계속된다면 일본은 어떤 길로 나아갈지 걱정이 된다.

이와는 달리 독일은 자기 선조들의 나치 시절 행위를 부끄럽게 여기는 교육을 시키고 있다. 유치원 때부터 아우스비치 수용소 견학을 시키는 등 계속적으로 잘못을 교육시킨다. 물론 책에서 '바흐, 슈만, 베토벤, 슈베르트 등의 음악가들과 칸트, 헤겔, 소펜하우어 등의 철학자들이 유태인 학살에 동참했었다는 글을 읽는 순간 정신이 멍하여지기도 했다. 아무리 무서운 나치가 강제로 명령을 했더라도 어찌 히틀러에 의해 탄생한 괴물인 나찌에 동참을 했었는가 하는 생각이 들었다. 물론 그 나라에 태어났고 그 시대에 살았던 것 자체가 하나의 비극이겠지만, 그들 모두가 그러한 행적을 보인 까닭이 무척이나 궁금하다.

그러나 지금도 독일인들은 자기들 선조가 저지른 만행을 뉘우치고 이러한 장소를 현장교육으로 활용하는 등 참으로 본받을 만한 교육을 하고 있다. 아우스비치 수용소에 견학을 갔을 때 안내하던 독일 의대 교수는 일본의 행위를 비판하는 나에게 독일은 일본과 다르다며 아주 자세하게 설명을 해주던 일이 떠오른다. ♣

태풍과 가뭄

주택의 정원 같은, 베란다 앞 아파트 단지에 심어져 있는 나무들은 봄여름에 새싹을 내밀며 푸르름을 가져다준다. 목련꽃을 시작으로 그칠 줄 모르게 각색 꽃으로 끝이지 않고 피어서 우리에게 기쁨을 준다. 또 여름에는 무성한 숲으로 그늘을 만들어 시원한 쉼터도 만들어 준다. 갑작스런 소낙비도 막아줄 만큼 마치 우산 같은 단지 안길을 만들어 준다. 그 무렵에는 7년 동안 땅속에서 살다나온 매미가 제때를 만난 듯 나무꼭대기에 올라가 울어 가끔 낮잠을 훼방을 놓기도 하지만, 때로는 울적한 내 마음을 한층 더 구슬프고 쓸쓸하게 만들기도 한다.

가을이면 대추, 사과, 은행이 주렁주렁 매달린 나무에서 바람과 함께 열매가 떨어지면 부지런한 아낙네들이 마치 시합이나 하듯 주워가는 모습도 또한 일품이다. 터널같이 양팔 벌여서 늘어져 우아함을 자랑하는 양쪽 숲길, 사철 아름다운 꽃, 열매까지 선사하는 아름다운 정원 숲을 바라보며 나는 30여 년을 자연들과 함께 살았다.

내 침실 창문 가까이에서 우리와 호흡을 함께 했던 홰나무! 따갑던 여름 낮에는 양산도 되었던 그 나무는 몸이 웅장하고 키도 커서 큰바람에도 이겨 낼 줄 알았다. 그런데 곧장 뻗어 줄기차게 하늘만 바라보던 가지가 바람에 휩쓸려 옆으로 팔을 뻗치며 장단도 없이 엇박자로 흔들리고 있다.

"나 좀 붙들어 줘요, 너무 힘들고 죽을 것 같아요."

하고 애원하듯 소리 지르는 것 같다. 그 모습을 보는 나도 함께 소리만 지를 뿐, 어찌 할 수 없어서 눈을 감을 수밖에 없다. 마음으로는 저걸 어쩌지 하면서 맨발로 뛰쳐나가 붙잡아주고 싶다. 그러나 '우당탕, 쾅쾅, 번쩍 번쩍'하는 천둥 번개소리를 들으면서 빗속으로 나갈 수는 없었다.

하나님으로부터 받은 생명 하나하나가 긴 세월 속에서 오늘같은 장대한 모습을 갖췄는데, 모든 가지들이 강한 비바람을 견디지 못하고 흔들리고 있다. 위로 하늘을 보고 씩씩하게 오르던 팔들도 옆으로 흔들리며 견디다 못하고 힘이 빠져 아래로 늘어뜨려지고 있다. 시간이 지날수록 더 흔들리며 춤을 춘다. 그러다가 결국에는 힘이 빠져 추락하려고 한다.

2012년 8월 29일에 기상청에서 온다고 예고했던 날에 태풍 볼라벤이 불어왔다. 난 친구 부부와 연중행사로 떠나기로 한 여행계획이 무산될까봐 걱정하고 있는데, 일기예고처럼 태풍은 오고야 말았다. 기상관측의 예고날짜가 틀리기를 마음속으로 빌었지만 아무런 소용이 없었다. 화면에 찍힌 사천포구 앞 바다에 두 동강이 난 큰 배를 보며 태풍이 가져오는 바람의 위력이 얼마나 무서운지 다시 느꼈다.

홰나무는 이제 뿌리까지 뽑을 듯한 바람에 어쩔 줄 몰라하고 나는 그 상한 힘에 새삼 놀란다. 만물을 창조하신 하나님의 거대하신 힘에 다시 하늘을 우러러 본다. '누가 저 신사의 웃옷을 벗길 수 있나 시합하자'라고 말하던 태양과 바람의 우화도 생각이 난다. '으드득 쓰스슥' 상처가 난 가지에서 피가 흐른다. 발간 피는 아니지만 나무에게 피인 건 틀림없다. 얼마나 아플까. 이런 일은 한해 두해 일이 아니다. 여름 장마철마다 일어나는 일이다. 강한 바람을 몰아쳐서 나무에 상처를 내거나 꺾어버린다. 나는 부러지고 뿌리도 뽑히지만 태풍 앞에서 묵묵할 수밖에 없다.

지난 여름 집중 호우엔 우면산 산사태로 많은 사상자를 냈고, 산도 여러 곳에 상채기가 났다. 복구공사가 시작되고 1년이 지나면서 새로 옮겨다 심은 나무들과 잔디가 모두 복구되어 더 아름답게 꾸며졌고, 정성으로 다듬어졌다. 그런데 이제는 비가 내리자 않는 극심한 가뭄으로 인해 나무들이 힘을 잃은 채 말라 죽어가고 있다.

'나막신과 우산을 팔던 두 아들의 어머니'는 이젠 바가 와도, 비가 안와도, 걱정을 하지 않는다고 한다. 비가 오면 비가 와서 우산이 잘 팔릴 테니 좋고, 비가 안 오면 해가 나서 나막신이 잘 팔리니 좋다고 생각하기 때문이다. 이렇게 긍정적인 생각을 하면서 살아가야 하나님께 승복하는 삶이 될 것이고 행복한 삶이 될 것이다.

지금 우리는 비가 오고 태풍이 와서 걱정한다. 우면산 사태의 원인은 구청의 무분별한 개발이 문제의 원인이라고 말하는 사람도 있고, 집중 호우 탓이라는 주장도 있다.

학자들 가운데는 지구 온난화로 앞으로 한반도에 극심한 가뭄이 찾아올 것으로 예상하는 사람이 많다. 이른바 가뭄 주기설이다. 가뭄 주기설에 따르면 2015년과 2025년에 초대형 가뭄이 한반도에 찾아온다는 것이다. 얼마 전까지 겪었던 104년 만의 가뭄이 초대형 가뭄의 서막이라는 주장도 나온다. 또 몇 십년 후가 되면 장마전선이 일본 오키나와와 중국 상하이에서 더 북상하지 못할 거란 예상이다. 이런 경우에 한반도 강수량의 35% 이상이 없어지게 된다고 한다. 장마가 한반도의 담수의 큰 역할을 차지하는 점을 고려할 때 장마철에 비가 한반도를 외면한다면 우리는 큰 재앙을 맞게 될 것이다.

그동안 우리는 홍수와 태풍에 대한 대비는 열심히 해왔다. 그렇지만 가뭄에 대한 준비는 철저하지 못한 것 같다. 오래전에 다목적댐 등을 지어 가뭄에 많이 신경을 썼던 기억이 난다. 이제부터라도 다시 댐 공사에 힘을 모아야 하지 않을까. 산이 많은 우리나라에서는 댐이 가장 효율적인 치수책이다. 환경생태계보전을 충족시키면서 동시에 수자원 확보에 도움이 될 방안을 지금부터라도 찾았으면 하는 마음이다.

이제 태풍은 한 차례 지나갔지만, 재차 뒤이어 또다른 태풍인 덴딩이 온다고 한다. 태풍과 가뭄 같은 자연 피해를 막으면서 이 땅을 잘 다스리라고 창조하신 우리 인간에게 지혜를 주신 것이니 이제 그 지혜를 발휘할 때라고 본다. 여호와께서 그의 권능으로 땅을 치셨고 그의 지혜로 세계를 세우셨고 그가 목소리를 내신즉 하늘에 많은 물이 생기나니 그는 땅 끝에서 구름이 오르게 하시며 비를 위하여 번개 치게 하시며 그 곳간에서 바람을 내시거늘(에레미야 10-12) ♣

아름다운 세상을 위하여

며칠 전 음악회 초대를 받아 가을을 멋지게 맞이하게 되었다. 의대 재학생과 졸업생들로 구성된 오케스트라 단원이 연주하는 오케스트라인데 그날은 음악뿐만 아니라 모인 관객들의 태도도 아주 멋진 모습이었다. 그날 어린 아이부터 노인에 이르기까지 그 많은 관중들의 분위기는 마치 영화 속의 중세 귀족들로 구성된 엄숙한 분위기가 물씬 풍기는 궁중 음악회 같았다.

그들이 화려한 옷을 입어서도 아니고, 갖고 있는 소지품이 명품이어서가 아니었다. 그동안 많은 음악회에 초대받았거나 또는 비싼 입장권을 사 들고 가서 보았지만 그날처럼 연주자와 관중이 혼연일치된 모습은 처음 본 것이다. 평생 처음으로 그런 관중 속에 내가 자리를 함께 하고 있다는 것에 기뻤고, 나 자신의 처지도 업그레이드 된 것 같았다. 오케스트라를 감상하며 음악에 문외한 나로서, 비록 악곡의 제목조차도 처음 듣는 곡이라 낯설었지만 아름다운 선율에 심취되었다. 그런 분위기에 빠져 더 오래 머물고 싶었다.

그 음악회는 돈이 많다는 재벌 또는 졸부들이 즐기는 음악회가 아니었다. 정말 음악을 사랑하는 관중이요 오케스트라 단원이라는 점에서 나는 그 음악회에 참석하여 느꼈던 느낌을 오래도록 간직하고 싶다. 이 세상 모든 사람들이 그와 같이 세상을 사랑하는 오케스트라 단원이 되어 아름다운 선율로 협연을 한다면 그 음악은 자연의 소리가 될 것이다.

어쩌면 이것은 지구상의 온 인류가 화합을 이루기 위한 최상의 목표가 아닌가 생각된다. 사람은 하루아침에 엘리트로 만들어지지 않는다. 자라온 교육환경 등을 포함하여 여러 가지로 배우고 숙련되기까지에는 오랜 시간이 걸리고 몸으로 익히는 노력이 있어야 한다.

그래서 매미의 삶을 생각해본다. 매미는 지상에서 한 달이라는 짧은 삶을 산다. 그런 까닭인지 매미가 내지르는 삶의 소리는 유난히도 애절하고 가슴을 찡하게 만든다. 천적에게 공격을 당할 수 있을 위협이 있음을 알고도 우렁차게 울고 있다. 단 한 달 간 주어진 지상의 삶에서 짝짓기를 하고, 새끼를 낳고 죽어야 하기에 어떤 지구상의 생물들보다 삶의 속도가 빨라야 한다.

그런데 매미는 애벌레에서 성충이 되기까지 땅속에서 5년 7년 또는 17년까지 기다린다고 한다. 애벌레에서 성충이 되었을 때 천적의 피해를 막으려고 애벌레의 기간을 연장해서 삶을 사는 것이다. 오랫동안 땅속에서 지낸 유충은 성충이 되기 위해 땅위로 올라와 높고 높은 나무를 온간 힘을 다해 기어오르고 마지막으로 탈피를 한 후 서둘러 짝짓기를 하고 알을 낳고 죽는다니 어쩌면 바로 시간이 그들의 천적이라고 할 수 있다.

세상의 모든 생명체들은 천적에 쫓기고 쫓는 것들로 분류된다. 인간으로부터 지배당하면서 약육강식(弱肉强食)의 관계로 이루어진 것이 세상이다. 모든 만물은 죽어서, 아니 죽고 나서까지도 이 관계에서 벗어날 수 없다. 그러나 인간들만은 세상을 잘 모른다. 개펄을 간척할 때도 그 속에서 살던 수많은 생명체들이 호소를 했었지만 인간들은 간척을 강행했다.

지금에서야 게가 구멍을 뚫고 나올 때 유해물이 함께 나와 바다가 정화됨을 알게 되었지만, 그때까지는 깨닫지 못한 것이다. 간척사업이 이루어지기 전에 개펄은 우리 인간들에게 풍성한 먹이를 주고 바다의 허파 역할을 해왔었다. 인간의 무지와 욕심으로 인해 벌어진 이같은 잘못은 다시 되돌릴 수 없지만 앞으로 하지 말아야 할 것이다.

게와 마찬가지로 해달은 인간들에게 경고하고 있다. 바다의 한 부분만이라도 그들에게 내어 달라고. 인간들이 좋아하는 목도리 상품 재료로 사용되는 해달은 가장 깨끗한 바다인 알라스카에서 서식한다. 해달의 자식 사랑은 어느 동물 못지않다고 하는데, 해달 어미는 새끼를 가슴위에 얹고 먹이를 찾아 헤맨다고 한다, 지금도 인간들에게 수탈당하는 등 바다의 수많은 생물들은 인간들의 욕심으로 인해 그 개체수가 사라지고 있다고 한다.

또 얼마 남지 않은 수의 바오밥나무까지도 풀만 먹던 코끼리에게 공격당하고 있다고 한다. 이는 코끼리의 먹이 통로를 막는 인간들 때문에 일어나는 생태계의 위기이며 또 하나의 파괴 현실로서 생물 개체의 균형을 잃게 되는 원인이 될 수 있다. 이제는 설상가상으로 지구의 온난화까지 계속되고 있다. 어차피 강한 자에게 먹히고 먹는 먹이사슬에 따라 이같은 관계는 벗어날 수는 없을 것이다. 그러나 인간들이 조금씩 양보하고, 동물들을 사랑한다면 세상은 더 살기 좋아질 것이다.

손녀가 기르다 맡긴 닥스훈트종의 개인 벨라도 다리가 짧다고 나는 예뻐하지 않았다. 그런데 자꾸 보고 또 보면서 먹이를 주다보니 정이 들기 시작하여 요즘에는 함께 산책도 다닌다. 함께 지내다보니 운동 부족인 나에게 운동할 기회는 물론이고 덤으로 다이어트까지 만들어주어 일거양득이 되었다.

이처럼 모든 세상사는 상대에게 조금씩 관심을 갖고 사랑을 하게 되면 좋게 보인다. 상대와 친밀감을 느끼게 되면 더 가까이 다가가게 된다. 세상을 지배하는 사람들이 모든 것들에 대해 사랑의 마음으로 대하기 시작한다면 그곳은 세상에서 제일로 멋진 오케스트라가 될 것이다. 그런 세상을 우리 모두 만들었으면 좋겠다.

이불깃을 잡아당기며 찬바람을 느끼는가 했더니, 창문 두드리는 소리에 잠이 깨고 말았다. 가을과 함께 매미의 향연보다 더 아름다운 소리가 들린다. 아침잠이 많은 나를 깨워주는 귀뚜라미, 여치, 소쩍새가 부르는 노래의 향연은 물론 제초기로 새벽부터 잔디 깎는 소리, 비행기, 자동차의 크랙션 소리마저도 아름다운 오케스트라로 들린다. ♣

조순엽 수필집

삶의 뒤안길에서 부르는 노래

편낸날 : 서기 2016년 2월 5일 펴냄
지은이 : 조순엽(趙順葉)
펴낸이 : 현상선
펴낸곳 : 도서출판 비움과 채움
㊤06753 서울시 서초구 강남대로 25길 15,
동인빌딩 302호
전화: 02-999-0053 전송: 02-998-3622
전자주소: ranto@hanmail.net
ISBN 978-89-93104-37-0 03810

값 10000원

* 지은이와 합의 아래 인지는 생략합니다.
* 잘못 만들어진 책은 구입한 곳에서 바꾸어 드립니다.

「이 도서의 국립중앙도서관 출판예정도서목록(CIP)은 서지정보유통지원시스템 홈페이지(http://seoji.nl.go.kr)와 국가자료공동목록시스템(http://www.nl.go.kr/kolisnet)에서 이용하실 수 있습니다.(CIP제어번호: CIP2016002507)」